Perspectives
Allez-y !

A1

Handreichungen für den Unterricht

von Gabrielle Robein

Cornelsen

Handreichungen für den Unterricht

Im Auftrag des Verlages erarbeitet von:
Gabrielle Robein

Redaktion: Teresa Palomar

Projektleitung: Dr. Ulrike Litters

Redaktionsleitung: Andreas Goebel

Illustration: Laurent Lalo

Umschlaggestaltung: werkstatt für gebrauchsgrafik, Berlin

Layout und technische Umsetzung: graphitecture book & edition

www.cornelsen.de

Soweit in diesem Lehrwerk Personen fotografisch abgebildet sind und ihnen von der Redaktion fiktive Namen, Berufe, Dialoge und Ähnliches zugeordnet oder diese Personen in bestimmte Kontexte gesetzt werden, dienen diese Zuordnungen und Darstellungen ausschließlich der Veranschaulichung und dem besseren Verständnis des Inhalts.

Die Webseiten Dritter, deren Internetadressen in diesem Lehrwerk angegeben sind, wurden vor Drucklegung sorgfältig geprüft. Der Verlag übernimmt keine Gewähr für die Aktualität und den Inhalt dieser Seiten oder solcher, die mit ihnen verlinkt sind.

1. Auflage, 7. Druck 2025

Alle Drucke dieser Auflage sind inhaltlich unverändert und können im Unterricht nebeneinander verwendet werden.

© 2015 Cornelsen Schulverlage GmbH, Berlin
© 2018 Cornelsen Verlag GmbH, Mecklenburgische Str. 53, 14197 Berlin, E-Mail: service@cornelsen.de

Das Werk und seine Teile sind urheberrechtlich geschützt. Jede Nutzung in anderen als den gesetzlich zugelassenen Fällen bedarf der vorherigen schriftlichen Einwilligung des Verlages.
Hinweis zu §§ 60a, 60b UrhG: Weder das Werk noch seine Teile dürfen ohne eine solche Einwilligung an Schulen oder in Unterrichts- und Lehrmedien (§ 60b Abs. 3 UrhG) vervielfältigt, insbesondere kopiert oder eingescannt, verbreitet oder in ein Netzwerk eingestellt oder sonst öffentlich zugänglich gemacht oder wiedergegeben werden. Dies gilt auch für Intranets von Schulen und anderen Bildungseinrichtungen.

Der Anbieter behält sich eine Nutzung der Inhalte für Text- und Data-Mining im Sinne § 44b UrhG ausdrücklich vor.

Druck: Cornelsen Verlagskontor, Bielefeld

ISBN 978-3-06-520178-0

Sommaire

Introduction		p. 4
Bonjour !		p. 8
Unité 1	Ça va ?	p. 11
Unité 2	Au café	p. 18
Unité 3	J'aime…	p. 24
Option 1		p. 30
Unité 4	Au travail !	p. 35
Unité 5	Le temps libre	p. 42
Unité 6	Vous désirez ?	p. 49
Option 2		p. 55
Unité 7	Vous prenez la rue…	p. 59
Unité 8	Chez nous	p. 66
Unité 9	Weekend en Bourgogne	p. 74
Option 3		p. 81
Unité 10	À table !	p. 85
Unité 11	En Corse	p. 91
Unité 12	À Paris	p. 99
Option 4		p. 106
Fiches d'activités		p. 110
Fiches vidéo		p. 124
Transcriptions des vidéos		p. 136

Introduction

Perspectives Allez-y! est la dernière version actualisée de la méthode *Perspectives*. Cette introduction vous donne un bref aperçu des différentes composantes de la méthode. *Perspectives Allez-y!* est composé de trois volumes correspondant aux niveaux A1, A2 et B1 du Cadre européen commun de référence pour les langues (CECR), et convient à des jeunes (à partir de 16 ans) et des adultes. À la fin de chaque manuel, les apprenants seront en mesure de passer les examens du DELF ou du TELC. Sa conception permet de l'utiliser dans diverses institutions, publiques ou privées (*Volkshochschulen,* écoles privées, cours en entreprise, etc.).

L'objectif de *Perspectives Allez-y!* est de répondre concrètement et simplement aux besoins pratiques des apprenants, en leur permettant d'acquérir les compétences nécessaires à la maîtrise linguistique et culturelle des situations de vie courantes dans un environnement francophone.

Perspectives Allez-y! privilégie la découverte active et la pratique interactive de la langue. Les outils linguistiques nécessaires à la communication (vocabulaire, grammaire, phonétique) sont subordonnés aux exigences de la communication. La progression modérée permet une entrée agréable et motivante dans la langue.

Perspectives Allez-y! propose des documents actuels et des supports d'apprentissages variés. Les différentes unités des manuels sont accompagnées de séquences vidéos que l'enseignant pourra, selon ses choix et ses objectifs, utiliser de manière systématique ou facultative.

Pour chaque niveau, *Perspectives Allez-y!* se compose de / d' :
- un manuel (partie cours et partie exercices)
- un carnet de vocabulaire (*Vokabeltaschenbuch*)
- un livret d'exercices (*Sprachtraining*)
- un CD audio
- un CD audio version didactisée
- un DVD
- un carnet de solutions
- matériel audio pour apprendre en musique : **Repétez en musique**
- matériel complémentaire en ligne (www.cornelsen.de/perspectives-allez-y)
- un livret pédagogique pour l'enseignant (*Handreichung für den Unterricht*)
- une aide numérique à la préparation des cours (*der digitale Unterrichtsmanager*) comme assistant intelligent permettant un gain de temps pour l'enseignant et une utilisation diversifiée du tableau blanc interactif (TBI) ou du vidéo-projecteur.
- une application d'entraînement au vocabulaire pour Smartphones qui peut être utilisé pour répéter le vocabulaire de *Perspectives Allez-y!* partout et à n'importe quel moment de la journée.

Perspectives Allez-y! A1 s'adresse à des apprenants sans connaissance préalable du français et conduit au niveau A2 du CECR.

Le manuel (Kurs- und Übungsbuch)

C'est l'élément central de la méthode. (Il contient également les CD et le DVD.) Il comporte :
- une page d'introduction / mode d'emploi (page 3)
- un sommaire détaillé (pages 4 à 7)
- douze unités de dix pages chacune
- 4 *options* (facultatives) de 6 pages chacune
- une grammaire explicative (pages 163 à 191)
- la retranscription des textes oraux non reproduits dans l'unité (pages 198 à 209)
- une annexe contenant des documents pour les activités pédagogiques (pages 192 à 197) ou des cartes (pages 210 à 213)
- un modèle de test TELC pour s'entraîner (page 157 à 162).

Les unités

Chaque unité commence par une page d'ouverture, richement illustrée, qui introduit le thème central. De courtes questions permettent aux apprenants de se familiariser avec le contenu de l'unité. Les compétences que les apprenants vont acquérir sont données en haut de la page, à droite.

Les quatre pages suivant la page d'ouverture sont divisées en deux doubles pages ayant leur propre titre et traitant chacune d'un aspect du thème central. Des documents audio ou écrits servent de support d'apprentissage. Les premières consignes sont de compréhension globale ou ciblée ; puis viennent les activités de décryptage des outils linguistiques (lexique ou grammaire). Les structures grammaticales sont découvertes sur le mode inductif (**Découvrir**). Les structures découvertes sont réemployées de manière active (**À vous !**), en engageant parfois la motricité (**Action !**). En face de chaque activité d'écoute, les numéros du CD et de la piste à utiliser sont indiqués (en bleu pour l'enregistrement standard, en vert pour la version didactisée.) On trouve aussi en face des activités un renvoi aux exercices de la partie d'exercices. Ils peuvent être réalisés en cours ou être donnés comme devoirs à faire à la maison.

La typologie des exercices est indiquée de la manière suivante :

 Travail à deux   Travail en groupe   Répétez en musique   Vidéo

Dans la marge, des informations d'ordre culturel ou linguistique sont données. Sont mises en exergue les informations suivantes :
Info : informe sur un aspect culturel.
Notez : attire l'attention sur un phénomène linguistique particulier.
Rappel : renvoie à une acquisition précédente.
Lerntipp : donne des « tuyaux » pour faciliter l'apprentissage.

La sixième page de l'unité, **À propos…**, élargit le thème en proposant un document qui porte sur un aspect de civilisation de la France ou du monde francophone. Elle se présente en général comme un document authentique (page de magazine, site internet d'office de tourisme, petites annonces, etc.) agrémenté de photos et invite à faire parler les apprenants.

Suivent trois pages d'exercices, répertoriés en rubriques (vocabulaire, grammaire, phonétique, compréhension et expression) grâce auxquels les apprenants peuvent s'entraîner de manière autonome (avec le carnet de solutions) ou avec l'aide de l'enseignant, à la maison ou pendant le cours.

Pour terminer, la page *Repères* synthétise les compétences acquises au cours de l'unité : la rubrique **Was ich kann** répertorie les réalisations langagières des nouvelles compétences ; la rubrique **Was mir hilft** comporte les structures grammaticales nécessaires à ses réalisations. Grâce aux renvois, les apprenants peuvent se reporter aux explications plus détaillées de la Grammaire, en fin de manuel.

Par ailleurs, l'acquisition des réalisations langagières peut être facilitée par l'outil **Répétez en musique / Wiederholen mit Musik**. Il s'agit d'un système conçu pour permettre aux apprenants de mémoriser le vocabulaire. Certains éléments langagiers de la page *Repères* sont repris et enregistrés sur fond musical : ils sont lus en français d'abord, puis traduits en allemand et répétés en français. Cette méthode, inspirée de la suggestopédie, permet un bon ancrage des expressions et du vocabulaire, et ce, sur le long terme. **Répétez en musique** peut donc être utilisé en fin de séance, mais aussi en début de séance comme introduction au cours à venir, ou pour répéter le vocabulaire du cours précédent.

Les Options
Après les Unités 3, 6, 9 et 12, les Options (facultatives) apportent des documents supplémentaires pour mettre en valeur des aspects culturels du monde francophone (page **Français et francophones**) ou donner des clés pour interagir dans le monde professionnel (page **Pour la profession**). La page **Autoévaluation** aide les apprenants à évaluer, de manière autonome, leurs acquis et leur progression. Enfin, dans les trois pages **Vidéo** sont proposées des fiches d'exploitation didactique des séquences du DVD se rapportant aux unités précédentes.

Le carnet de vocabulaire (Vobabeltaschenbuch)

Il donne pour chaque unité tous les mots nouveaux dans leur ordre d'apparition avec leur traduction et leur prononciation. Il donne également le vocabulaire des pages Options (non retenu dans la progression lexicale).

Le livret d'exercices (Sprachtraining)

Il offre des exercices supplémentaires (facultatifs) pour le travail individuel des apprenants.

Le CD audio / Le CD audio didactisé

Le manuel contient trois CD : y figurent tous les documents audio, enregistrés en version normale (CD 1 et 2), ainsi qu'une version didactisée, plus lente, pour permettre aux débutants de mieux s'entraîner à l'écoute et à la prononciation (CD 3). Il contient une sélection des textes audio les plus importants. Sous le numéro de chaque exercice audio, le numéro de la piste correspondante est indiqué.

Le DVD

Le manuel contient également un DVD sur lequel sont enregistrées douze scènes vidéo, correspondant aux thèmes des unités. L'ensemble des séquences raconte l'histoire de Pierre, jeune journaliste breton fraîchement débarqué à Paris, et de son groupe d'amis. Le matériel audiovisuel est optimal pour faire approcher les apprenants de situations de vie authentiques, et pour les motiver grâce à des activités ludiques et originales.

Des activités pour exploiter les vidéos sont proposées dans chaque option. (Séquences 1, 2 et 3 dans l'option 1; séquences 4, 5 et 6 dans l'option 2; séquences 7, 8 et 9 dans l'option 3; séquences 10, 11 et 12 dans l'option 4). Par ailleurs, des activités complémentaires sont disponibles en fin de ce livret pédagogique. Les activités des options sont plus pensées pour un emploi interactif en classe, tandis que les fiches du livret pédagogique servent plutôt à un travail individuel.

Le carnet de solutions

Il donne les solutions pour permettre aux apprenants de travailler de manière autonome.

Matériel complémentaire en ligne

Pour faciliter le travail de l'enseignant, du matériel complémentaire est offert sur le site www.cornelsen.de/perspectives-allez-y : exercices supplémentaires, conventionnels et interactifs, et tests de niveau.

Livret pédagogique pour l'enseignant (Handreichung für den Unterricht)

Le livret pédagogique, que vous tenez entre les mains, aide à préparer et réaliser le cours avec *Perspectives Allez-y!*. Vous y trouvez, outre les explications concernant les documents et les activités proposés, des informations au sujet de certains points de géographie ou de culture, des idées de variantes pour les activités ou d'activités supplémentaires, ainsi que du matériel pédagogique complémentaire sous forme de fiches à photocopier. Des fiches pour élargir le travail avec la vidéo sont également proposées.

Une version numérique du livret pédagogique est disponible en ligne (*digitaler Unterrichtsmanager*). Le *Unterrichtsmanager* rassemble le livre de l'élève et le matériel d'accompagnement sous forme numérique. Sur chaque double page, vous retrouvez le matériel d'accompagnement correspondant; idéal aussi bien pour préparer votre cours à la maison que pour être utilisé de façon efficace en classe. Le *Unterrichtsmanager* contient les textes audio et les vidéos avec leurs transcriptions respectives, ainsi que les solutions des exercices.

Il inclut également du matériel complémentaire, comme des fiches d'activités photocopiables qui vous permettent de compléter votre cours de façon approfondie et diversifiée. Vous trouverez plus de précisions quant à son utilisation dans les commentaires didactiques du *Unterrichtsmanager* même.

Il est disponible en deux versions: en téléchargement et en DVD (également accessible sur scook.de/eb).

Bonjour !

Cette unité est une unité introductive qui permet aux apprenants de prendre contact en douceur avec la langue française, de découvrir sur une carte l'étendue des pays francophones, et de se familiariser avec la prononciation des mots. Elle est censée éveiller leur curiosité, les rassurer et les motiver. Ainsi, lorsqu'ils débuteront avec l'**unité 1**, ils se sentiront déjà en confiance.

Par ailleurs, ils vont apprendre à saluer et à se présenter les uns aux autres en français.

page 8

1
CD
1|2
3|2

Sur la première double page, une carte du monde est représentée. On y voit des photos d'habitants de pays francophones ainsi que leurs villes d'origines. Les apprenants peuvent donc constater qu'avec le français, ils pourront voyager dans de nombreuses parties du monde, et pas seulement sur le continent européen !

Annoncez la situation aux apprenants : des francophones saluent et se présentent. Lisez ensemble le nom des villes. Passez l'enregistrement. Ils complètent avec le nom des villes. Faites observer les photos des villes. Demandez éventuellement de situer les pays sur la carte. En langue maternelle, vous pouvez inviter les apprenants à échanger sur leurs expériences :
- **Ont-ils déjà été dans une de ces villes ?**
- **Connaissent-ils d'autres villes francophones ?**
- **Bientôt, ils parleront français. Dans quel pays ou région francophone aimeraient-ils voyager ?**

2

Demandez ensuite aux apprenants de rechercher dans les bulles les expressions données. Vérifiez en plénum.

3
CD
1|2
3|2

Enfin, passez une dernière fois l'enregistrement. Proposez aux apprenants de lire le contenu des bulles à voix haute.

page 9

4

À leur tour, les apprenants se présentent, en réutilisant les expressions qu'ils viennent de découvrir. Ils disent comment ils s'appellent et de quelle ville ils sont. Donnez éventuellement les noms français des villes citées, si celui-ci diffère en français et en allemand.

Variantes	– Vous pouvez proposer cette activité en cercle, chacun se présentant à tour de rôle. – Vous pouvez aussi demander aux apprenants de se déplacer dans la salle, en saluant et en se présentant à plusieurs personnes.
Activité supplémentaire	Maintenant, tout le monde se connaît ! Pour les groupes qui ont déjà quelques connaissances préalables du français, ou qui semblent être très à l'aise dans leur apprentissage, vous pouvez proposer et noter au tableau les deux expressions suivantes : **C'est…** ; **Il / Elle est de…** Désignez une personne du groupe. Son voisin donne son prénom et sa ville d'origine.

page 10

5

Dites aux apprenants qu'ils connaissent déjà beaucoup de mots en français. Ils seront sans doute étonnés, puisqu'ils sont débutants. Pourtant, de nombreuses expressions françaises sont internationalement connues ou sont entrées dans la langue allemande. En prendre conscience est en général un facteur rassurant et motivant pour les apprenants. Proposez-leur de regarder les trois photos, et d'y associer des mots français.

6
CD 1|3

Invitez les apprenants à lire les mots et à les associez à une des photos. Passez l'enregistrement pour vérifier. Les apprenants entendent ainsi la manière dont ces mots sont prononcés.

7
CD 1|4

Passez l'enregistrement. Demandez aux apprenants de cocher les items exacts pour obtenir les règles de prononciation de la langue. Vérifiez les résultats en plénum et faites relire les mots à voix haute.

8

Enfin, invitez les apprenants à donner d'autres mots qu'ils connaissent en français, indépendamment des photos. S'ils ont du mal, notez des catégories au tableau (par exemple : films, spécialités gastronomiques, paysages et régions, marques de voitures, personnages célèbres, etc.) pour les guider, ou ramenez au cours suivant des photos qui servent de support.

page 11

9a
CD 1|5
3|3

Sur cette page, les apprenants vont entendre des Français se présenter (avec les noms, prénoms et villes d'origine). Le dialogue est l'occasion de repérer les principales règles de prononciation (des combinaisons) de lettres.

D'abord, demandez aux apprenants de lire les noms et les villes. Puis, passez l'enregistrement. Ils relient un nom et une ville. Vérifiez les résultats en plénum. Pour cela, utilisez le modèle proposé dans la bulle, à droite. (**X est de…**)

Avant de passer à la lecture du dialogue, vous pouvez passer l'enregistrement une deuxième fois et demander aux apprenants quels mots supplémentaires ils reconnaissent.

9 b
CD
1 | 5
3 | 3

Passez enfin l'enregistrement en invitant les apprenants à lire en même temps. Puis, proposez-leur de lire par deux, à voix haute. Passez auprès des groupes pour aider, si nécessaire.

10

Expliquez aux apprenants que la prononciation des voyelles diffère selon leurs combinaisons. À l'aide des noms (de personnes ou de villes) qu'ils viennent de découvrir, ils relient les lettres (ce que je vois, à gauche dans le tableau) à leur prononciation (ce que j'entends, à droite dans le tableau). Vérifiez les réponses ensemble.

11
CD
1 | 6

Passez l'enregistrement de l'alphabet une première fois : demandez aux apprenants de repérer les lettres qui se prononcent différemment en français et en allemand. Puis, passez l'enregistrement une seconde fois. Ils répètent de manière rythmée. Vous pouvez ensuite faire répéter l'alphabet en cercle, chacun donnant une lettre à tour de rôle.

12

Un apprenant épelle un mot français. Les autres notent et disent le mot à voix haute. L'activité permet donc de répéter l'alphabet, ainsi que la prononciation des mots. Elle permet aussi de répéter et d'ancrer le lexique récemment acquis.

Variante

Le jeu du pendu. Le meneur de jeu (l'enseignant d'abord, puis les apprenants) pense à un mot ou une phrase et note au tableau autant de tirets que ce mot (ou cette phrase) contient de lettres.
Par exemple : le meneur de jeu pense à « croissant » et note ___ ___ ___ ___ ___ ___ ___ ___ ___. Le groupe propose des lettres pour retrouver le mot caché. Pour chaque lettre proposée qui n'est pas contenue dans le mot, le meneur de jeu dessine un trait pour former un pendu. Si le pendu est complètement dessiné, le groupe a perdu le jeu ! Le pendu final ressemble alors à cela :

13

Enfin, chacun note ses nom et prénom sur un papier. Ramassez tous les papiers et redistribuez-les. Les apprenants épellent le nom qu'ils lisent sur le papier. La personne qui porte ce nom doit se reconnaître.

Ça va ?

Unité 1

objectifs

- saluer et prendre congé
- demander le nom de quelqu'un
- se présenter et présenter les autres
- demander comment ça va
- le verbe **être**
- les pronoms personnels
- l'article défini
- le pluriel des noms

 page 13 — **page d'ouverture**

1
CD 1|7

Sur cette page se trouvent cinq photos tirées de films français. Vous pouvez demander aux apprenants s'ils connaissent un ou plusieurs de ces films, ou bien, le noms des réalisateurs ou des acteurs. Notez éventuellement les noms des acteurs cités au tableau. Puis, passez l'enregistrement une ou deux fois : on entend ce que les personnages des photos pourraient dire. (Attention : il ne s'agit pas d'extraits des films !) Les apprenants se concentrent d'abord sur la prononciation des expressions. (Certaines ont déjà été découvertes dans l'**Unité Bonjour**.) Ils répètent les expressions, individuellement ou avec l'ensemble de la classe.

2

En petits groupes, les apprenants relient les situations aux photos correspondantes. Rassemblez les résultats en plénum.

3

Enfin, les apprenants relient les réactions aux situations correspondantes. Proposez-leur de lire à deux les mini-dialogues ainsi formés. Puis, avec la classe, discutez des mots, expressions ou manières de saluer ou de se dire au revoir qui semblent « typiquement » français. (Les apprenants évoqueront par exemple les distances corporelles, « la bise », etc.)

INFOS

Dans *L'antidote*, le patron d'une multinationale (Christian Clavier) lutte contre son problème de bégaiement, jusqu'au jour où il rencontre un simple comptable (François Morel) face auquel il retrouve une locution normale. Son antidote ?

À bout de souffle (titre allemand : *Außer Atem*) est un film emblématique de la Nouvelle Vague (mouvement du cinéma français des années 50), qui a révélé Jean-Paul Belmondo au grand public. Il y tient le rôle d'un jeune voyou, tentant de persuader une jeune étudiante américaine (Jean Seberg) de faire l'amour avec lui.

Merci pour le chocolat est une histoire de relations entre André, pianiste virtuose, son fils Guillaume, sa femme Mika (quittée puis retrouvée après un autre mariage et un veuvage), et Jeanne, jeune musicienne qui pourrait être la fille d'André. Une fois de plus, Claude Chabrol a choisi Isabelle Huppert, une de ses actrices fétiches, pour jouer dans son film.

Les choristes (titre allemand : *Die Kinder des Monsieur Mathieu*) raconte l'histoire d'un professeur de musique (Gérard Jugnot) sans emploi, nommé surveillant dans un internat de rééducation pour mineurs. À contre-courant des méthodes répressives de l'internat, il fait découvrir la musique aux enfants.

Bienvenue chez les Ch'tis est une comédie qui a connu un succès énorme (meilleur score du box office français derrière *Titanic*, avec 2,5 millions d'entrées) en France et à l'étranger. L'histoire : Philippe, directeur d'une agence la poste, est muté dans le Nord-Pas-de-Calais, alors qu'il rêvait de vivre au soleil, dans le sud de la France. Heureusement, il découvre petit à petit la chaleur des habitants du Nord, les Ch'tis.

 page 14   **C'est qui ?**

4
CD
1|8
3|4

Dans cet exercice de compréhension orale, les apprenants écoutent quatre dialogues courts et relient chacun au dessin correspondant.

5
CD
1|8
3|4

Ils écoutent les dialogues une seconde fois et disent si ces derniers appartiennent au registre formel ou standard.

NOTEZ

Attirez l'attention sur l'information dans la marge seulement après l'écoute. En effet, plusieurs indices permettent de réaliser la consigne : le tutoiement / vouvoiement, mais aussi, l'emploi de mots comme **Salut** (standard) ou **Monsieur / Madame** (formel). Donnez donc la chance aux apprenants de les repérer par eux-mêmes.

6
▶ Ex. 1

Les apprenants lisent les dialogues (au choix, avec ou sans écoute supplémentaire simultanée), puis ils répondent aux questions suivantes. Ce faisant, ils classent les expressions dans différentes rubriques : c'est une activité à la fois de repérage et de mémorisation.

Vous pouvez ensuite proposer aux apprenants de lire les dialogues à voix haute. (Pour des débutants, encore peu sûrs d'eux en français, il peut être judicieux de faire lire en petits groupes. Vous passez auprès des groupes pour aider à la prononciation si nécessaire.

NOTEZ

Faites remarquer l'information sur la prononciation du **c cédille (ç)** dans la marge.

page 15

7
CD 1|9
▶ Ex. 7

L'exercice permet de faire découvrir le phénomène phonétique qu'est la **liaison**. Les apprenants écoutent les deux phrases proposées et repèrent que dans l'une d'entre elles, le **-s** n'est pas prononcé. Dans l'autre, il se prononce [z]. Lisez la règle et cochez les bonnes réponses avec l'ensemble de la classe.

Liaison

Pour clore l'exercice, lisez également ensemble l'information dans la marge qui définit la liaison.

8 a

Les apprenants vont maintenant réemployer les éléments langagiers servant à se présenter et demander le nom de quelqu'un. Par la même occasion, ils répètent leurs (pré)noms. Dans une classe qui vient de faire connaissance, c'est important pour structurer le groupe. Par ailleurs, l'exercice peut éventuellement servir d'occasion pour demander au groupe s'il préfère l'usage du **tu** ou du **vous** dans le cours de français.

8 b

Les apprenants demandent à une personne du groupe de présenter leur voisin(e). Ils répètent ainsi, non seulement les expressions françaises pour présenter quelqu'un, mais aussi les noms des autres participants du cours. Pour organiser l'activité, vous pouvez procéder de la manière suivante :
- l'apprenant A demande à son voisin de droite, B, qui est telle ou telle personne, C, qu'il désignera du doigt. B réagit. La personne désignée, C, prend la relève, et interroge son voisin de droite.

Ou alors :
- les apprenants se déplacent dans la classe en binôme et s'interrogent mutuellement, en désignant d'autres participants.

Je te / vous présente

Avant de procéder à l'activité, lisez ensemble l'information dans la marge sur l'expression **Je te / vous présente…**

9
CD 1|10

Les apprenants découvrent la règle de formation des questions à l'oral, avec l'intonation. Ils écoutent d'abord trois questions et trois affirmations et comparent la mélodie des phrases. Ils écrivent ensuite dans la marge, les mots **question** et **affirmation** sous les schémas correspondants. Vous pouvez préciser aux apprenants qu'il existe d'autres formes de questions (qu'ils apprendront plus tard), mais que la question avec intonation est la plus simple et la plus répandue à l'oral. Elle est donc très pratique !

10

Par deux, les apprenants s'entraînent à prononcer et différencier les affirmations et questions. Chacun lit de manière libre quatre phrases, comme des affirmations ou comme des questions. En fonction de ce qu'il entend, le partenaire place un point (.) ou un point d'interrogation (?) en fin de ces phrases.

Unité 1   13

page 16   **En pleine forme !**

11

CD
1 | 11
3 | 5

Les apprenants vont entendre deux dialogues dans lesquels des gens se saluent, se demandent comment ça va, et prennent congé. Pour anticiper l'écoute, vous pouvez demander aux apprenants de regarder les deux illustrations et de dire, en langue maternelle, ce qui se passe à leur avis. Puis, passez l'enregistrement. Les apprenants disent les mots qu'ils ont reconnus en français. Notez-les au tableau.

LERNTIPP

L'information dans la marge donne un « tuyau » pour apprendre à aborder au mieux les exercices de compréhension orale. Attirez l'attention du groupe sur ce « tuyau » avant de procéder à l'écoute. Pour la suite de l'apprentissage, répétez régulièrement aux étudiants que TOUT comprendre n'est pas l'objectif. Il suffit de s'en tenir aux consignes.

12

CD
1 | 11
3 | 5

Laissez d'abord les apprenants lire les phrases. (Vous pouvez aussi les lire vous-même à voix haute pour faire entendre la prononciation.) Puis, passez l'enregistrement une deuxième fois. Ils cochent les phrases entendues. Cet exercice est un exercice de compréhension orale ciblée. Il a en outre l'avantage d'introduire et d'élargir le champ des expressions pour se saluer, demander des nouvelles ou prendre congé.

13

▶ Ex. 2, 6, 8, 9

Les apprenants écoutent une troisième fois les dialogues et les lisent en même temps. Puis, à l'aide de ces dialogues, ils complètent (seuls ou en petits groupes) le tableau. Vérifiez les résultats en plénum. Pour les groupes qui apprennent sans difficulté, vous pouvez ajouter les expressions de l'**exercice 12** dans le tableau.

Demandez aux apprenants s'il reste dans les dialogues des expressions ou des mots qui ne sont pas clairs. Auquel cas, expliquez-les.

INFO

Attirez par ailleurs l'attention sur l'information culturelle dans la marge, sur l'usage du prénom avec le vouvoiement.

NOTEZ

Lisez ensemble la règle de prononciation du **c** dans la marge.

14

L'exercice permet de découvrir l'article défini singulier. Les apprenants complètent le tableau dans la marge, à l'aide des exemples tirés des dialogues.

 page 17

15

Les apprenants lisent le dialogue à voix haute, en échangeant les rôles. Beaucoup de débutants manquent encore de confiance en eux et ne lisent pas volontiers en public. Préférez dans ce cas la formation de petits groupes, auprès desquels vous passerez pour aider de manière individuelle.

16
▶ Ex. 3, 4

Annoncez aux apprenants qu'ils vont apprendre la conjugaison du verbe **être**, qui est irrégulière. Notez d'abord les pronoms personnels au tableau et expliquez l'emploi particulier de **vous**, **ils** et **elles**.

Die Personalpronomen: vous, ils, elles

Les explications concernant l'emploi des pronoms **vous**, **ils** et **elles** sont données dans la marge. Faites-les remarquer aux apprenants.

Puis, laissez-leur du temps pour rechercher les formes manquantes du verbe dans les dialogues des pages 14 et 16, et les inscrire dans la marge. Vérifiez en plénum. Lisez les formes du verbe une fois à voix haute, et faites éventuellement répéter les apprenants (par exemple, en cercle, chacun énonçant une forme du verbe à tour de rôle).

17

L'exercice donne aux apprenants la possibilité d'employer **être** de manière active, dans des phrases complètes. Ils travaillent par deux, et forment des phrases chacun à leur tour. Un dé donne le pronom personnel au hasard. Ils conjuguent le verbe **être** et terminent la phrase avec une des expressions proposées (ou une autre expression, de manière libre, s'ils sont assez avancés pour cela). Si vous n'avez pas de dé, ce sont les apprenants qui proposent les pronoms à leurs voisins.

18
CD 1/12
▶ Ex. 5

Die Nomen im Plural

Demandez aux apprenants d'observer les mots dans la marge (sous le titre *die Nomen im Plural*). Faites-leur remarquer que l'article défini au pluriel est le même, au féminin ou au masculin.
Puis, invitez-les à écouter l'enregistrement et à se concentrer sur la prononciation du **-s**. Lisez ensuite ensemble la règle, en cochant la bonne réponse.

19

En cercle : A donne un mot en français avec l'article défini. Son voisin, B, nomme le pluriel. Puis, B donne à son tour un autre mot, et ainsi de suite.

Variante 1

Jouez avec une balle. A dit un mot avec l'article défini et lance la balle à B, qui dit le pluriel.

Variante 2

Préparez des cartes sur lesquelles vous notez des mots en français. Écrivez-les en rouge s'ils sont féminins et en bleu s'ils sont masculins. Puis, distribuez les cartes à la classe. Les apprenants se déplacent dans la salle. Ils se rencontrent par deux : chacun donne son mot avec l'article singulier. L'autre donne le pluriel. Puis, ils échangent les cartes et continuent à se déplacer. Ils répètent ainsi de nombreux mots.

20
▶ Ex. 10, 11

Deux canevas sont proposés en allemand. Les apprenants forment les dialogues en français. (Il ne s'agit pas d'une traduction littérale : des variations existent dans les possibilités d'exprimer ce qui est requis.) Pour favoriser la répétition, et donc l'entraînement et la mémorisation, ils font l'exercice plusieurs fois, en changeant de partenaires.

À photocopier
Fiche d'activité 1

À la fin de cette double page, vous pouvez utiliser la Fiche d'activité 1, à la page 110, afin de faire répéter différentes expressions découvertes dans l'unité.

 page 18   **À propos…**

21

Cette première page À propos donne un aperçu de la diversité culturelle et géographique du monde francophone. Parallèlement, la consigne (relier les expressions aux photos, donc comprendre globalement de quoi traite les expressions) leur permet de constater qu'ils comprennent déjà beaucoup de choses en français, grâce aux mots transparents.

INFO

- Montréal est la capitale du Québec (province francophone du Canada), la deuxième plus grande ville du Canada et l'une des plus grandes villes francophones du monde. Avec 53 % d'habitants de langue française, 13 % de langue anglaise, et 34 % d'une autre langue, c'est aussi une des villes les plus cosmopolites du monde.
- La Belgique abrite deux groupes linguistiques : les néerlandophones, membres de la communauté flamande, et les francophones, membres de la communauté wallonne. Les bières belges sont nombreuses et variées. Parmi les plus célèbres, citons les *pils*, les bières d'abbaye (*Leffe*, *Grimbergen*, …), les lambics, etc.
- La Nouvelle-Calédonie, archipel situé dans l'océan Pacifique, est un ancien territoire français d'outre-mer (TOM) qui dispose d'un statut particulier de large autonomie. Les Kanaks forment le peuple autochtone.
- La Guadeloupe et la Martinique sont deux îles des Antilles, dans la mer des Caraïbes, et sont des régions et départements d'outre-mer (DROM).
- La Guyane, située en Amérique du Sud, est un DROM (département le plus grand de France, mais aussi le moins peuplé après Mayotte), recouvert à 96 % par la forêt équatoriale. En 1964, la base spatiale de Kourou y est établie, sur décision du général de Gaulle. La fusée Arianne y est lancée.
- L'île de la Réunion, située à l'est de Madagascar, est également département et région d'outre-mer. C'est une île volcanique. Le Piton de la fournaise est un des volcans les plus actifs de la planète.

22

Les apprenants relient des catégories générales aux photos et trouvent, pour chaque catégorie, d'autres exemples. C'est l'occasion d'un transfert motivant sur l'apprenant, ses connaissances et ses expériences. Laissez les apprenants échanger en langue maternelle pour raconter ces expériences du monde francophone, s'ils en éprouvent le besoin.

Vous pouvez visionner la vidéo **Bienvenue à Paris!** Les exercices pour le cours se trouvent dans l'**Option 1**, page 45. Voir les explications sur les pages 30 et 31 de ce guide pédagogique.

À photocopier Fiche vidéo 1

Des exercices guidés supplémentaires pour la vidéo de l'**Unité 1** sont proposés à la page 124. Les apprenants peuvent aussi les faire à la maison.

Solutions

1. 1–a; 2–b; 3–c

2.

	Pierre	Claude	M. Chaffaud	Camille
Bienvenue à la crêperie.		X		
Monsieur Bellec? J'ai fini.			X	
Prends place. Comment ça va?		X		
Ça va très bien, merci.	X			
Enchanté(e).	X			X

3. a. Pierre: Bonjour <u>Monsieur</u>. <u>Vous êtes</u>… Claude Bellec?
   (…)
   Claude: Oui, oui, c'est ça. <u>Je suis de Quimper.</u>
   Pierre: <u>Enchanté!</u> Je suis Pierre, Pierre Le Goff.
   b. M. Chaffaud: J'ai fini. <u>Au revoir, Monsieur.</u>
   Claude: Au revoir et <u>à bientôt</u>!
   M. Chaffaud: <u>Bonne journée.</u>
   c. Claude: Ah, voilà Camille! <u>Salut</u> Camille! Tu vas bien?
   Camille: Salut Claude! <u>Ça va, et toi?</u>
   Claude: Super! <u>Je te présente</u> Pierre. Il est de Quimper.
4. a) le neveu; b) inspecteur des finances; c) sympathique et sérieux

pages 19–21   Exercices

Sur ces trois pages se trouvent des exercices complémentaires, classés dans les catégories suivantes: **Vocabulaire, Grammaire, Phonétique** et **Compréhension et expression**. Ils correspondent aux activités de l'unité et peuvent être effectués, selon les besoins, en cours ou à la maison.

page 22   Repères

Sur cette page se trouve un résumé des expressions et structures grammaticales les plus importantes.

1|16

Vous pouvez faire répéter les expressions les plus importantes avec **Répétez en musique**, pour consolider les acquis à la fin de chaque unité, ou bien les utiliser en tant qu'échauffement pour aborder la prochaine unité.

Unité 2 — Au café

objectifs

- commander et payer des boissons
- dire / demander ce qu'on aime
- remercier / réagir au remerciement
- donner des informations sur soi (lieu de vie, travail, langues)
- les nombres de 0 à 20
- l'article indéfini **un** / **une** / **des**
- les mots interrogatifs : **qu'est-ce que ?** / **où ?** / **d'où ?**
- les verbes en **-er**

 page 23 — **page d'ouverture**

1

Les cafés figurent sans doute parmi les premiers lieux que les apprenants vont fréquenter lors d'un séjour en France, ne serait-ce que pour faire une pause et se rafraîchir pendant une promenade. Pour les familiariser avec le thème, on trouve une carte des boissons sur la page d'ouverture, à côté de la photo d'un café. Certaines boissons sont déjà connues des apprenants, d'autres non. Demandez-leur de repérer les boissons qui sont, selon eux, typiquement françaises. C'est aussi l'occasion d'expliquer le nom des boissons qu'ils ne connaissent pas.

2
CD
1 | 17
3 | 7

Les apprenants écoutent trois courts dialogues : des personnes commandent des boissons. Ils repèrent le nom de ces boissons. Pour les groupes avancés, faites relever, lors d'une seconde écoute, les expressions permettant de commander (redonnées en amorce dans l'**exercice 3**).

3

Les apprenants réemploient le vocabulaire acquis en formant des mini-dialogues pour dire ce qu'ils commandent. Faites-les produire ces réalisations par deux, avec leur voisin(e), ou en cercle, à tour de rôle.

INFOS

La culture du café, comme lieu de rencontre et de socialisation, vient du Moyen-Orient et a gagné l'Europe au 17ᵉ siècle. En France, on y sert des boissons et des repas simples. Des cigarettes y sont également parfois vendues. Les cafés sont des lieux de vie sociale importants, toutes générations confondues : cependant, ils tendent à disparaître. Plus de 6 000 cafés ferment chaque année.

 page 14 — **On prend un verre ?**

4
CD
1 | 18
3 | 8

Dans cet exercice de compréhension orale, les apprenants écoutent différentes parties d'une conversation entre trois amis qui prennent un verre au café. Ils relient chaque partie à une photo.

5
CD
1|18
3|8

Les apprenants écoutent encore une fois les dialogues en lisant et complétant le texte. Passez l'enregistrement, puis procédez à une lecture des dialogues à haute voix, avec le groupe, pour vérifier les réponses.

NOTEZ

Attirez ensuite l'attention sur les informations Notez dans la marge. (le mot interrogatif **qu'est-ce que**; les pronoms toniques **moi** et **toi**; la prononciation du **e** avec les accents aigu et grave)

6
▶ Ex. 4

Demandez aux apprenants de chercher dans le dialogue des exemples pour l'article indéfini **un / une** (dans la marge). Puis, lisez ensemble l'explication concernant l'article indéfini pluriel, **des**. Donnez éventuellement encore un ou deux exemples au tableau, en vous servant par exemple des noms de boissons découverts en page d'ouverture. Faites trouver le pluriel aux apprenants.

7
▶ Ex. 1, 10, 11

Les apprenants travaillent en groupes de trois et jouent la scène proposée. Le canevas est donné en allemand. Ils trouvent les expressions équivalentes en français.

LERNTIPP

Faites remarquer le « tuyau » donné dans la marge pour rassurer les apprenants avant qu'ils ne se lancent dans la production orale.
Pour permettre plus de répétitions, vous pouvez répéter l'activité en faisant changer les apprenants de groupe à plusieurs reprises.

page 25

8
CD
1|19

Les apprenants écoutent et répètent les nombres de 1 à 20. Voici quelques idées pour les faire répéter plusieurs fois sans s'ennuyer :
– répéter en cercle, chacun énonçant un nombre, à tour de rôle, dans l'ordre,
– répéter les nombres pairs,
– répéter les nombres impairs,
– (plus difficile !) répéter les nombres de 20 à 1.

9

Les apprenants répètent d'abord les nombres de 0 à 10. En petits groupes : l'un(e) montre un nombre de doigts, les autres disent ce nombre.

10
▶ Ex. 3, 8, 9a, 9b

Les apprenants comptent ensemble, en cercle, jusqu'à 20. Pour chaque nombre qui a quelque chose à voir avec 4 (qu'il soit divisible par 4, ou qu'il le contienne), ils disent « stop » à la place du nombre.

Activité supplémentaire : jeu de loto

Les apprenants travaillent en groupes de trois. Deux d'entre eux notent chacun trois chiffres, entre 1 et 20, sur un papier. Le troisième fait des propositions pour trouver les nombres. Lorsque l'un des joueurs a entendu ses trois nombres, il a gagné.

11

CD
1|20

▶ Ex.7

Cette activité permet d'attirer l'attention sur la liaison après les nombres. Lisez ensemble le **Rappel** dans la marge. Faites remarquer que la liaison est faite après un article ou nombre finissant par **-x**, comme avec le **-s**. Passez l'enregistrement et faites répéter les apprenants.

12

Cette activité permet de faire répéter, de manière active, le nom des boissons et les prix. Les apprenants travaillent par deux. L'un(e) regarde la carte à la page 192, et l'autre à la page 195. Ils s'interrogent mutuellement pour compléter leurs informations.

13

▶ Ex. 2

Les apprenants revoient ou découvrent des mots relatifs au thème du café, et répètent en même temps la prononciation de l'article indéfini (avec ou sans liaison). Laissez les apprenants travailler seuls ou par deux, puis vérifier les réponses en plénum.

14

Les apprenants répètent de manière ludique le vocabulaire de l'unité, ainsi que les articles indéfini (**c'est un / une… / ce sont des…**) et la question **Qu'est-ce que c'est ?** Aucun besoin de savoir bien dessiner, au contraire : des dessins approximatifs peuvent prêter à confusion et rendre le jeu plus amusant.

📖 **page 26**   **Vous parlez bien français !**

15

CD
1|21
3|9

Les apprenants vont écouter une conversation au café entre Bruno, David et Julie. Lisez ensemble les phrases 1 à 4 et les items à cocher. Expliquez le vocabulaire si nécessaire.

de / d'

Attirez l'attention sur l'élision du **-e** dans la préposition **de** dans la marge.

h stumm

Attirez l'attention sur l'explication concernant la prononciation de la lettre **h**. Celle-ci est la plupart du temps (mais pas toujours) « muette », c'est-à-dire qu'on ne la prononce pas. C'est pourquoi on fait la liaison avec un mot commençant par un **h**, suivi d'une voyelle, comme si le mot commençait par une voyelle.

Passez l'enregistrement. Les apprenants cochent les affirmations exactes.

16

CD
1|21
3|9

Les apprenants écoutent et lisent la conversation. Expliquez le vocabulaire si nécessaire et vérifiez en plénum les réponses à l'**exercice 15**.

NOTEZ

Faites remarquer l'information **Notez** dans la marge.

17

▶ Ex. 5, 6

Les apprenants découvrent la conjugaison des verbes en **-er** (les verbes réguliers, qui constituent par ailleurs la grande majorité des verbes en français).

NOTEZ	Attirez l'attention sur l'information Notez dans la marge. Faites ensuite remarquer que les verbes se conjuguent toujours avec un radical (celui du verbe, sans la terminaison **-er**), et des terminaisons. Ils doivent rechercher ces terminaisons à l'aide des formes verbales contenues dans le dialogue précédent. Laissez-les chercher seuls ces terminaisons, puis vérifiez en plénum. Notez les terminaisons au tableau.
18 CD 1|22	Les apprenants vont maintenant repérer la manière dont ces terminaisons sont prononcées (ou pas !), à l'aide de phrases du dialogue. Pour cela, passez une première fois l'enregistrement et demandez-leur de souligner les phrases entendues dans le dialogue. Passez l'enregistrement une seconde fois : les apprenants soulignent les terminaisons qu'ils entendent (**-ons, -ez**) et barrent celles qu'ils n'entendent pas (**-e, -es, -e, -ent**). Pour s'exercer, vous pouvez faire lire la conjugaison des verbes de l'**exercice 17**.

📖 page 27

19	Pour s'entraîner à la conjugaison des verbes, les apprenants font une activité en cercle : l'un(e) d'entre eux donne un pronom et un verbe, son (sa) voisin(e) conjugue le verbe à la forme adéquate, selon l'exemple.
Variante	Les apprenants travaillent en petit groupe avec un dé (1 = **je** ; 2 = **tu** ; 3 = **il / elle**, etc.). Ils choisissent à tour de rôle un verbe et en donne la forme verbale, en fonction du résultat (pronom) du dé.
20	Enfin, en groupes de trois, les apprenants lisent le dialogue et changent de rôle plusieurs fois. Passez auprès des groupes pour aider à la prononciation ou répondre aux questions de manière individuelle, si nécessaire.
21 a CD 1|23	Dans le dialogue, les apprenants ont découvert le verbe **parler** (**français / allemand**, etc.). Ils vont le réutiliser. Mais pour cela, ils doivent d'abord connaître le nom de différentes langues. Passez l'enregistrement : ils écoutent des personnes parler dans leur langue maternelle. Ils essaient de deviner de quelle langue il s'agit. Vérifiez avec le groupe. Veillez à ce que l'activité soit prise de manière ludique, comme un jeu de devinettes, et sans crainte de se tromper puisqu'on n'attend bien évidemment pas que chacun connaissent toutes les langues !
21 b	En cercle, les apprenants disent quelle(s) langue(s) ils parlent. Lisez d'abord les trois adverbes (**un peu, très bien, couramment**).

LERNTIPP		Attirez l'attention sur le «tuyau» dans la marge. Ce «tuyau» leur permettra d'ajouter les langues dont ils ont besoin dans leur liste de vocabulaire. Puis, laissez-leur la parole.
Variante		Pour plus d'interaction, vous n'êtes pas obligé(e) de faire parler les apprenants en cercle. Ils peuvent eux-mêmes interroger un apprenant de leur choix. **– Je parle couramment allemand, espagnol, et un peu français. Et toi, Klaus ? Tu parles quelle(s) langue(s) ?**
22 ▶ Ex. 12		L'activité permet de faire répéter de manière active les questions vues dans l'unité. Faites relier les questions aux réponses correspondantes. Vérifiez en plénum et notez éventuellement les mots interrogatifs au tableau (**Où ? D'où ? Qu'est-ce que ? Quelle (langue) ?**).
23		En petits groupes, les apprenants se posent les questions de l'**exercice 22** et y répondent de manière personnelle. L'information dans la marge concernant les prépositions de lieu les aidera à répondre à la question **Tu travailles / Vous travaillez où ?** Passez auprès des groupes pour aider si nécessaire.
À photocopier **Fiche d'activité 2**		La Fiche d'activité 2 se trouve à la page 111. Elle permet de faire répéter de manière ludique les phrases pour se présenter (nom, prénom, ville actuelle et ville d'origine, profession).
24		Les apprenants ont appris beaucoup d'expressions pour parler de soi (langues parlées, ville d'origine, ville actuelle, lieu où on travaille, goûts). Ils écrivent un texte dans lequel ils donnent le plus d'informations possible sur eux. Cette répétition centrée sur l'apprenant permet d'ancrer les acquis. Puis, l'enseignant redistribue les textes. Demandez à chaque apprenant de lire un texte à voix haute et de trouver (avec l'aide du groupe) qui en est l'auteur(e). Le groupe continue ainsi à faire connaissance et à se souder, condition importante pour un apprentissage communicatif effectif.

 page 28   **À propos…**

25	Trois petits textes, écrits dans une langue simple et avec de nombreux mots transparents, accompagnés de photos, permettent de découvrir trois temps fortement marqués culturellement : le petit-déjeuner, le goûter et l'apéritif. Dans un premier temps, les apprenants lisent les textes ainsi que les phrases en allemand. Ils cochent l'évènement correspondant. Précisez-leur qu'ils ne doivent pas comprendre tous les mots pour pouvoir réaliser la consigne. Il est plus important d'avoir une approche globale et / ou ciblée du texte. En effet, la

compréhension ou le repérage d'un ou de quelques élément(s) suffit pour cocher la bonne réponse.

26 L'activité porte sur les photos. Elle permet de revoir du vocabulaire de l'unité et de découvrir quelques nouveaux mots (transparents) qui peuvent être utiles, lorsque l'on se retrouve devant une table française ! Il s'agit de relier un mot à sa place sur les photos. Laissez les apprenants réfléchir seuls ou en petits groupes, puis, vérifiez les réponses en plénum.

27 L'unité se termine par une question centrée sur les apprenants, qui disent ce qu'ils aiment pour le petit-déjeuner ou l'apéritif. Rappelez-leur la question : **Comment on dit en français … ?**, au cas où ils auraient besoin de vocabulaire supplémentaire.

Vous pouvez visionner la vidéo **Une « crêpe maison »**. Les exercices pour le cours se trouvent dans l'**Option 1**, page 46. (Voir les explications à la page 32 de ce guide pédagogique.)

À photocopier Des exercices guidés supplémentaires pour la vidéo de l'**Unité 2** sont proposés
Fiche vidéo 2 page 25. Les apprenants peuvent aussi les faire à la maison.

Solutions
1. qu'est-ce que ; maison ; orange ; banane ; bouteille ; cacahuètes ; cinq
2. Pierre : 1ʳᵉ, 3ᵉ et 5ᵉ phrases
   Camille : 2ᵉ, 4ᵉ et 6ᵉ phrases
3. est ; présente ; sont ; travaillent ; parle ; adore ; travaille ; est ; sont
4. Camille : 1, 5, 6
   Claude : 2, 3, 4

pages 29–31 Exercices

Sur ces trois pages se trouvent des exercices complémentaires, classés dans les catégories suivantes : **Vocabulaire**, **Grammaire**, **Phonétique** et **Compréhension et expression**. Ils correspondent aux activités de l'unité et peuvent être effectués, selon les besoins, en cours ou à la maison.

page 32 Repères

Sur cette page se trouve un résumé des expressions et structures grammaticales les plus importantes.

 1 | 28

Vous pouvez faire répéter les expressions les plus importantes avec **Répétez en musique**, pour consolider les acquis à la fin de chaque unité, ou bien les utiliser en tant qu'échauffement pour aborder la prochaine unité.

Unité 2 23

Unité 3 J'aime...

objectifs

– décrire quelqu'un ou quelque chose
– parler de ses goûts
– nier quelque chose
– le verbe **avoir**
– la négation avec **ne... pas**
– accord et place de l'adjectif
– question avec **est-ce que**

page 33 — page d'ouverture

1 a La page d'ouverture permet de répéter quelques expressions pour dire ce que l'on aime. Dans un premier temps, les apprenants observent les photos, lisent le vocabulaire proposé et imaginent ce que les personnes aiment / adorent.

1 b
CD
1 | 29
3 | 10

Les apprenants écoutent ensuite les personnes représentées sur les photos dire ce qu'elles aiment ou pas. Ils vérifient ainsi les hypothèses émises lors de l'**exercice 1 a**. En même temps, ils complètent les phrases.

2 Puis, à leur tour, ils disent ce qu'ils aiment (ou pas) et interrogent leur voisin(e).

page 34 — Qu'est-ce que vous aimez ?

3
CD
1 | 30

Pour cette activité, deux photos sont présentées. Elles représentent le Centre Georges Pompidou, et une statue de la fontaine créée par l'artiste Niki de Saint Phalle, à côté du centre Pompidou.

INFO L'**INFO** dans la marge donne des renseignements sur Niki de Saint Phalle et la fontaine.

Le centre Georges Pompidou, appelé aussi Beaubourg, est un grand musée d'art moderne et contemporain, en plein cœur de Paris. Lors de son inauguration en 1977, son architecture originale a suscité de vives polémiques. Mais aujourd'hui, Beaubourg est totalement intégré dans le paysage urbain. C'est un espace très fréquenté, tant par les Parisiens que par les touristes. Outre les expositions permanentes et temporaires, il abrite une bibliothèque, et accueille des manifestations culturelles et pédagogiques.

Niki de Saint Phalle (1930–2002) est une artiste plasticienne, peintre, sculptrice et réalisatrice de films. Elle est notamment célèbre pour avoir créé un grand nombre de statues monumentales, comme la série des *Nanas* (des représentations artistiques de femmes de taille impressionnante). En Allemagne, des

Nanas sont en exposition permanente sur le marché aux puces de Hanovre. Le musée d'art et d'histoire de Fribourg réserve par ailleurs un espace aux œuvres de Niki de Saint Phalle.

Les apprenants écoutent les commentaires de spectateurs au sujet des deux œuvres d'art. Ils complètent les phrases.

RAPPEL — Attirez l'attention sur le Rappel dans la marge, concernant les verbes **aimer** / **adorer**, suivis d'un nom avec l'article défini.

4
▶ Ex. 3, 4

Demandez aux apprenants de repérer les phrases de l'exercice 3 avec la négation, puis de compléter la règle. Vérifiez les résultats en plénum.

NOTEZ — Attirez l'attention sur l'information Notez dans la marge : à l'oral, le **ne** / **n'** de la négation est souvent omis.

5

En réemployant les expressions de l'exercice 3, les apprenants donnent leur opinion sur la fontaine, sur la photo. Pour prolonger l'activité, vous pouvez également les inviter à donner leur avis sur les œuvres de l'exercice 3, voire même, apporter des photos de différentes œuvres d'art et leur donner à commenter.

6 a
CD
1|31
3|11

Les apprenants vont écouter des personnes qui répondent à une interview et disent ce qu'elles aiment ou pas. Ils écoutent d'abord le premier homme interviewé et notent ce que ce dernier aime / n'aime pas.

Les questions — Attirez ensuite leur attention dans la marge sur la question avec intonation ou avec **est-ce que**. Donnez éventuellement deux ou trois exemples supplémentaires. Pour les groupes avancés, repassez l'interview et demandez de relever les questions posées par la journaliste.

page 35

6 b
CD
1|31
3|11

Passez l'enregistrement. Les apprenants écoutent et lisent le texte. Demandez-leur s'ils ont encore des questions concernant la compréhension, et répondez-y.

NOTEZ — Faites remarquer les deux informations Notez dans la marge, concernant **aimer** / **adorer** suivis de l'infinitif et l'expression **je t'** / **vous en prie**.
Puis, par deux, les apprenants lisent le texte à haute voix et changent de rôle. Passez auprès des groupes pour aider à la prononciation de manière individuelle, si nécessaire.

Unité 3

7 CD 1|32 3|12		Passez l'enregistrement : les apprenants écoutent deux interviews supplémentaires. Ils relèvent ce que les personnes aiment ou pas.
8 ▶ Ex. 2		Les apprenants relient les questions aux réponses correspondantes. Laissez-leur quelques minutes pour réfléchir, puis vérifiez en plénum.
9		Les apprenants rejouent le dialogue à deux, en utilisant le pronom **tu**. La personne interviewée est libre dans ses réponses. Puis, ils changent les rôles.
10		L'activité permet de répéter le vocabulaire découvert au cours de la double page, ainsi que la négation. Ils écrivent chacun trois phrases à propos d'eux-mêmes sur un papier. Une de ces phrases est fausse. Le groupe doit deviner laquelle. C'est aussi une bonne occasion de faire davantage connaissance, tout en s'amusant.
	LERNTIPP	Pour terminer, lisez ensemble le « tuyau » dans la marge. Rappelez aux apprenants que bien souvent, pour mémoriser des expressions, il n'y a rien de mieux que de parler de soi !

page 36 — La femme de ma vie !

11		Demandez aux apprenants de lire le mail de Fabrice et de compléter les phrases : ils peuvent travailler seuls ou par deux. Puis, vérifiez les réponses en plénum. Expliquez le vocabulaire inconnu, si nécessaire.
	NOTEZ	Lisez avec le groupe les informations dans la marge concernant le pronom **on** et la négation **pas de**.
12 a		Les apprenants relisent le mail et complètent les phrases de l'exercice avec les adjectifs adéquats.
12 b ▶ Ex. 1, 5		Lisez ensemble la règle concernant les adjectifs, dans la marge. Puis, faites compléter et lire les phrases suivantes.
13 CD 1|33 ▶ Ex. 7		Passez l'enregistrement. À l'aide de la prononciation de la dernière consonne, ils disent si l'adjectif entendu est féminin ou masculin.
	À photocopier Fiche d'activité 3	La Fiche d'activité 3 à la page 112 vous aidera à faire systématiser l'accord de l'adjectif de manière ludique.

page 37

14	**Activité écrite**	Invitez les apprenants à se mettre dans la peau de Christine, et d'imaginer l'e-mail qu'elle envoie à son amie pour décrire Fabrice. Vous pouvez ramasser les feuilles et les corriger ou les faire lire à voix haute.
15		Dans cet exercice d'application, les apprenants doivent accorder les adjectifs, si nécessaire.
16 ▶ Ex. 6		Expliquez aux apprenants qu'ils vont apprendre la conjugaison du verbe **avoir** (verbe irrégulier). Ils en ont déjà vu plusieurs formes. Demandez au groupe de rechercher dans les pages précédentes du livre ces formes et complétez ensemble la conjugaison du verbe **avoir**, dans la marge. Lisez ensemble ce verbe. Faites remarquer la prononciation des liaisons.
17 a		L'activité permet à la fois de réviser le verbe **avoir**, et de répéter ou découvrir les noms d'objets fréquemment utilisés en cours. Rappelez et notez au tableau la phrase : **Comment on dit en français… ?**, au cas où ils en auraient besoin pour désigner certains des objets. En petits groupes, ils s'interrogent sur les objets dont ils sont munis. Ils peuvent proposer les objets qui sont sur le dessin, mais s'ils ont d'autres idées, elles sont les bienvenues.
17 b		Les apprenants présentent maintenant le résultat de leur discussion en petits groupes à l'ensemble de la classe. Pour cela, ils doivent utiliser d'autres formes du verbe **avoir (nous avons, il / elle a, ils / elles ont)**.
18 a ▶ Ex. 8, 9, 10		Les apprenants choisissent une photo et donnent une identité à la personne (origine, adresse, goûts, langues parlées, etc.). Vous pouvez aussi les faire travailler par deux : l'un pose des questions sur la personne, l'autre imagine les réponses.
18 b		Ensuite, les apprenants présentent la personne au groupe, qui doit essayer de trouver de quelle photo il s'agit.

 Page 38 — **À propos…**

19 — La page **À propos…** donne à découvrir une activité prisée des Français : le pique-nique. Vous pouvez d'ailleurs faire remarquer que les Français ont fait dériver le verbe **pique-niquer** du substantif. Des œuvres d'art connues célèbrent cette pratique, notamment le tableau du peintre impressionniste Édouard Manet,

Unité 3

Le déjeuner sur l'herbe. Vous pouvez en amener une image, si les apprenants sont intéressés.

Invitez le groupe à lire le texte et à le compléter avec les mots proposés. Vérifiez en plénum, avec une lecture du texte à voix haute. Vous pouvez ouvrir une discussion, en langue maternelle, sur les différences entre le pique-nique en France et dans le pays des apprenants. (**Est-ce qu'on pique-nique souvent ? Où ? À quelle heure ? Qu'est-ce qu'on apporte à manger ?** En France, les pique-niques dans les parcs, sur le gazon, sont souvent interdits. En général, on prend le pique nique dans un coin de forêt, dans un champs ou au bord d'une rivière, à l'heure du repas, vers midi ou à une heure, et on passe l'après-midi à se reposer, à discuter ou à jouer dans l'herbe.)

20

En cercle, à tour de rôle, les apprenants disent ce qu'ils apportent au pique-nique.

Variante

Proposez l'activité sous une forme ludique. On a le droit de tout apporter (un ballon, une bouteille de jus de fruits, mais aussi une tablette numérique, un ordinateur, etc.). Chacun doit répéter la liste des objets qui ont été cités par les autres, et en ajouter un.
Joueur 1 : **« J'apporte un ballon. »**
Joueur 2 : **« J'apporte un ballon et une bouteille de jus de fruits. »**
Joueur 3 : **« J'apporte un ballon, une bouteille de jus de fruits, et un ordinateur. »**
etc.

21

Les apprenants répondent aux questions posées : quels sont les thèmes abordés par les personnages du film de Louis Malle (la réponse se trouve dans le texte) et quels sont les thèmes que l'on aborderaient aujourd'hui lors d'un pique-nique (c'est aux apprenants d'imaginer la réponse) ? Établissez ensemble une liste en français de quelques thèmes possibles. Donnez le vocabulaire si nécessaire et notez les mots au tableau.

Vous pouvez visionner la vidéo **Tête-à-tête… ?** Les exercices pour le cours se trouvent dans l'**Option 1**, page 47. (Voir les explications à la page 33 de ce guide pédagogique.)

À photocopier
Fiche vidéo 3

Des exercices guidés supplémentaires pour la vidéo de l'**Unité 3** sont proposés page 126. Les apprenants peuvent aussi les faire à la maison.

Solutions

1. a. (Camille) le, le, la, les parfums
(Claude) la, les magasins, le, la, les chiens, les voitures, la
(Pierre) la, l', les romans policiers, la, le, les voyages

1. b. Nature, herbes et parfums : Le thé, le jasmin, la fleur d'oranger, les parfums, la nature

Ville : Les magasins, le métro, les chiens, les voitures, la pollution, la tour Eiffel.

Art et culture : La musique classique, l'opéra, les romans policiers, la littérature, le cinéma, les voyages, (la tour Eiffel).

2. Camille est une fille grande, blonde et sympa. Elle est romantique elle aime les fleurs et les parfums.

Claude est paradoxal : il aime la nature, mais il habite Paris !

Pierre est amoureux de Camille. Tous les deux, ils ont les mêmes goûts. Comme Camille, Pierre aime la musique classique et les romans policiers.

3. Sie mögen beide Carmen, von Bizet.

Claude hat zwei Liebe : die Bretagne und Paris. Er vergleicht sich mit Joséphine Backer.

 pages 39–41   **Exercices**

Sur ces trois pages se trouvent des exercices complémentaires classés, dans les catégories suivantes : **Vocabulaire, Grammaire, Phonétique et Compréhension et expression**. Ils correspondent aux activités de l'unité et peuvent être effectués, selon les besoins, en cours ou à la maison.

 page 42   **Repères**

Sur cette page se trouve un résumé des expressions et structures grammaticales les plus importantes.

 1|36

Vous pouvez faire répéter les expressions les plus importantes avec **Répétez en musique**, pour consolider les acquis à la fin de chaque unité, ou bien les utiliser en tant qu'échauffement pour aborder l'unité suivante.

Option 1

 page 43   **Pour la profession**

1
CD 1|37

Sur cette page, les apprenants répètent les salutations et les présentations dans un cadre professionnel. Par ailleurs, le document est porteur d'informations culturelles et les apprenants parlent d'une boisson très française : le cidre. La première activité de compréhension orale est une activité de compréhension globale. Introduisez la situation : Madame Delamare et Monsieur Cozic se trouvent à une foire professionnelle dans le secteur de la boisson. Lisez ensemble les questions et passez l'enregistrement. Les apprenants cochent les bonnes réponses.

2
CD 1|37

Passez l'enregistrement une seconde fois. Cette fois, les apprenants écoutent et lisent en même temps. Vérifiez ensemble les réponses à l'activité précédente. Expliquez les points du dialogue qui ne seraient pas clairs et proposez aux apprenants de lire le dialogue à voix haute.

3

Présentez la situation aux apprenants : ils sont au Salon de la Boisson. Ils vont rencontrer des collègues et leur proposer une boisson. Pour cela, séparez le groupe en deux : dans un premier temps, le groupe A représente le groupe de commerçants, qui propose des boissons. Le groupe B est constitué des collègues qui se promènent entre les stands. Puis, au bout de cinq minutes, ils échangent les rôles.

 page 44   **Un quiz : Quiz zu Ihrem Kursbuch**

4

Perspectives Allez-y! A1 est un manuel simple à l'emploi, que l'on peut suivre page après page. Cependant, une bonne connaissance de la structure du manuel et de toutes les possibilités qu'il offre en permettra une utilisation optimale et facilitera par conséquent l'apprentissage. C'est pourquoi ce quiz est proposé, afin d'inciter le groupe à feuilleter le livre et repérer ses composantes, et ce, de manière ludique.

Proposez l'activité lors des premières leçons, à la fin d'un cours par exemple. Les apprenants travaillent en équipe et doivent trouver le plus de réponses possible en un temps donné (environ dix minutes). (Ils cochent les bonnes réponses ou ils complètent les phrases avec le mot manquant.) Lorsque le temps imparti est écoulé, comparez les réponses. Une bonne réponse égale un point !

page 45   Vidéo unité 1   Bienvenue à Paris !

1   Cette première séquence vidéo commence avec l'arrivée de Pierre, le personnage principal, dans une gare de Paris. Il se rend chez Claude, un Breton de Quimper, comme lui, qui tient une crêperie. Pierre ne connaît pas encore Claude : c'est sa tante, Armelle, qui lui a donné le contact. Parce qu'entre Bretons à Paris… on se serre les coudes ! Dans cette séquence, on a encore peu de texte : surtout des images qui plongent dans une ambiance. Les actes de paroles qui apparaissent sont ceux des salutations et des présentations.

Faites observer la photo : annoncez qu'elle provient de la vidéo. Demandez aux apprenants de nommer en français des choses qu'ils voient sur la photo.

2   Demandez, à l'aide des photos, de dire où se passe la scène.

3   Passez la séquence jusqu'à la minute 1 : 30. Demandez aux apprenants de dire dans quel ordre ils voient les monuments.

    Variante   À la place des activités 1 à 3 : faites visionner sans le son la séquence jusqu'à la minute 1 : 30 et demandez aux apprenants de dire le plus de mots possible en français qu'ils peuvent associer à ce qu'ils voient.

4   Invitez le groupe à faire des hypothèses sur ce que fait Pierre à Paris.

    Variante   Invitez le groupe à faire le plus d'hypothèses possible, en langue maternelle, sur Pierre : **Qui est-il ? Où va-t-il ? D'où vient-il ? Qu'est-ce qu'il fait à Paris ?** Etc.

5   Faites observer la photo de Claude, le propriétaire de la crêperie. Demandez aux apprenants de cocher ce qui leur semble pertinent pour décrire Claude.

6   Invitez les apprenants à imaginer la réaction de Claude quand Pierre arrive.

7   Demandez aux apprenants d'imaginer, par deux, le dialogue entre Pierre et Claude, quand Pierre arrive dans la crêperie. Lisez ensemble les dialogues. Puis, faites visionner la vidéo jusqu'à 1 : 50. Ils cochent ce que dit Pierre.

8   Passez le reste de la vidéo. Les apprenants disent qui est le dernier personnage.

9   Ils répètent les dialogues.

    Variante   À la place des activités 7 à 9 : passez la vidéo de l'entrée de Pierre dans la crêperie jusqu'à la fin, sans le son. Les apprenants travaillent en groupes de trois : ils imaginent ce que disent les personnages. Puis, repassez la vidéo : un groupe fait les voix des personnages en utilisant les dialogues qu'il vient de composer.

Pour certains apprenants, parler sans avoir le sentiment que le regard des autres est braqué sur soi a un côté désinhibant.

Activité supplémentaire Après avoir travaillé avec la fiche vidéo, coupez le son et passez la vidéo. Trois apprenants font les voix : l'un prend le rôle de Pierre, le deuxième de Claude et le troisième de Camille. (Il ne s'agit pas de répéter exactement le dialogue original mais de faire produire des phrases correspondant aux situations de salutation et de présentation.) Cette activité se rapproche de la variante proposée ci-dessus. Choisissez soit l'une soit l'autre, mais pas les deux !

 page 46 **Vidéo unité 2   Une « crêpe maison »**

1 Pierre et Camille font connaissance. C'est l'occasion de revoir tous les moyens de se présenter (dire d'où on est, quelle profession on exerce et faire un commentaire à ce sujet, dire quelles langues on parle). En même temps, Claude prend la commande : les apprenants réentendent des expressions utiles pour commander dans un café.

Demandez dans un premier temps aux apprenants de récapituler la scène de la vidéo 1. (Demandez : **Où ? Qui ?**)

Activité supplémentaire Avant d'utiliser la fiche vidéo, vous pouvez faire visionner toute la séquence une première fois sans le son et demander aux apprenants d'imaginer les questions que se posent les personnages.

2 Passez la vidéo jusqu'à la minute 0 : 46. Les apprenants disent ce que Camille et Pierre commandent. Vous pouvez aussi demander de relever la question de Pierre et dire ce que contient une crêpe maison.

3 Invitez les apprenants à faire, en plénum, des hypothèses sur Camille : Quelle est sa profession ? Comment elle trouve sa profession ? Elle travaille où ? Et qu'en est-il de Pierre ?

4 Passez la vidéo jusqu'à la minute 1 : 50. Les apprenants complètent le résumé. Vérifiez en plénum.

5 Les apprenants cochent la bonne réponse. Vérifiez en plénum.

6 Passez la vidéo sans le son mais avec les sous-titres. Les apprenants font les voix.

page 47 | **Vidéo unité 3   Tête-à-tête… ?**

1   Dans cette scène humoristique (Pierre est en train de tomber amoureux et il rêve…), les apprenants répètent les expressions pour parler des goûts. Beaucoup de mots utilisés par les protagonistes sont transparents, donc facilement compréhensibles.

Dans un premier temps, demandez aux apprenants s'ils se rappellent ce qui s'est passé dans la séquence 2. Pour cela, ils complètent les amorces de phrases proposées sous la consigne. Rassemblez les résultats en plénum.

2   Passez la vidéo jusqu'à la minute 0 : 30. Les apprenants disent quel est le thème de la conversation. Puis, ils expliquent pourquoi Pierre dit : **« C'est un paradoxe. »**

3   Passez l'enregistrement jusqu'à la minute 0 : 49. Les apprenants font des hypothèses sur l'état de Pierre. Pour cela, ils complètent les amorces de phrases proposées. Rassemblez les résultats en plénum. Puis, passez la fin de la séquence pour faire vérifier les hypothèses.

4   Lisez ensemble la liste de mots. Passez encore une fois la séquence. Les apprenants disent qui aime quoi. Vérifiez ensemble.

5   Passez la fin de la séquence.

Variante   À la place des **exercices 2 à 5** : passez une fois la scène sans le son et demandez de raconter ce qui se passe et d'imaginer de quoi les personnages parlent. Puis, passez la scène avec le son pour vérifier. Demandez aux apprenants de dire ce que les personnages aiment et n'aiment pas. Vous pouvez aussi partager le groupe en trois : le premier sous-groupe se concentre sur ce que Pierre aime, le deuxième sur ce que Camille aime et le troisième sur ce que Claude aime.

6   Proposez aux apprenants d'imaginer que Camille répond différemment aux questions de Pierre, avec froideur et distance. Pour cela, repassez la vidéo pour que les apprenants puissent noter les questions de Pierre. Puis, laissez-les travailler en petits groupes pour modifier le dialogue. Passez auprès des groupes pour aider si nécessaire. Enfin, faites lire (ou jouer, pour les plus téméraires) les productions.

Activité supplémentaire   Les apprenants travaillent par trois. Ils imaginent une nouvelle liste des choses que Pierre, Camille et Claude aiment. Coupez le son. Passez l'enregistrement. Les apprenants font les voix avec leur nouvelle version.

page 48   **Autoévaluation**

La page autoévaluation peut être réalisée de manière autonome, à la maison ou en cours. Elle permet aux apprenants d'évaluer leurs acquis pour savoir quels points ils doivent éventuellement réviser ou pas. Elle permet aussi de faire un bilan pour mieux se fixer les prochains objectifs. Les questions 1 à 3 se rapportent aux apprentissages de l'**unité 1**. Les questions 4 à 6 se rapportent aux apprentissages de l'**unité 2**. Les questions 7 à 9 se rapportent aux apprentissages de l'**unité 3**.

Au travail !

Unité 4

objectifs

- parler du travail
- donner / demander l'âge
- décrire une journée
- dire l'heure
- les professions
- les verbes **faire** et **prendre**
- les nombres jusqu'à 69
- les verbes en **-cer** et **-ger**
- la négation avec **ne… plus**

 page 49 — **page d'ouverture**

1 a   Les photos de la page d'ouverture donnent à voir des Français ou francophones célèbres. Dans cette activité, on demande de relier chaque photo à une profession. Aucun besoin de connaître les célébrités pour réaliser la tâche : les indices sur les photos suffisent.

1 b
CD
1 | 38
3 | 14

Annoncez aux apprenants qu'ils vont entendre de courtes présentations des personnages représentés sur les photos. Ils écoutent l'enregistrement et vérifient ainsi les réponses faites en **1 a**. Précisez qu'une compréhension globale et le repérage de quelques mots transparents ou connus suffisent pour faire l'activité. Il ne s'agit pas de tout comprendre. Pour un groupe avancé, vous pouvez passer l'enregistrement une deuxième fois et demander de restituer les informations comprises.

2   Demandez ensuite aux apprenants s'ils connaissent d'autres personnes issues du monde francophone, exerçant ces professions.

 page 50 — **Qu'est-ce que vous faites dans la vie ?**

3 a   Les apprenants relient les noms de professions aux photos. Pour cela, laissez-les réfléchir individuellement, puis vérifiez en plénum.

3 b
▶ Ex. 1, 5

À l'aide des professions découvertes dans l'**exercice 3 a**, les apprenants complètent les formes masculines et féminines dans la marge.

Noms de professions masculin / féminin   Les apprenants ont découvert la règle de formation du féminin des adjectifs (identique à celle des professions) dans l'**Unité 3**. Ils découvrent ici le cas particulier des professions en **-if**, **-ien**, **-er**, **-eur**, **-teur**. Pour les professions en

-eur, faites remarquer qu'**auteur** et **professeur** s'écrivent au féminin avec un **-e** (**auteure, professeure**). Il s'agit de professions qui ont longtemps été uniquement masculines et dont la forme féminine est récente.

4 a
CD
1 | 39
3 | 15

Annoncez aux apprenants qu'ils vont entendre trois personnes parler de leur profession. Passez l'enregistrement une première fois : ils notent les professions exercées par les personnes.

LERNTIPP

Attirez l'attention sur le « tuyau » dans la marge. Rappelez au groupe que lors de l'écoute d'un document sonore, il est normal de ne pas tout comprendre dès la première fois et que chaque nouvelle écoute permet d'en comprendre plus.

4 b
CD
1 | 39
3 | 15

▶ Ex.2

Passez l'enregistrement encore une fois. Les apprenants lisent le texte en même temps. Ils disent si les personnes sont satisfaites de leur profession ou non. Pour les groupes les plus avancés, demander de répondre à la question sans lecture du texte, uniquement en écoutant.
Ensuite, laissez-leur du temps pour chercher et souligner dans les dialogues les mots ou expressions qui les ont aidés à répondre. Puis, rassemblez les résultats en plénum.

NOTEZ

Lisez ensemble l'information concernant la cédille dans **nous commençons**.

page 51

NOTEZ

Lisez également ensemble l'information concernant la manière de dire son âge en français. À la différence de l'allemand, on utilise le verbe **avoir**. Par ailleurs, on ne peut faire l'économie du mot **ans** dans la phrase. Si vous voulez faire répéter l'expression, proposez aux apprenants de se demander mutuellement, en cercle : **Vous avez / Tu as quel âge ?** et de répondre. Notez la réponse **C'est indiscret.** au tableau, comme alternative à ceux qui ne veulent pas répondre, ou précisez au groupe que mentir est autorisé !

5

Invitez les apprenants à lire une fois encore le dialogue et à y relever deux questions pour interroger quelqu'un sur sa profession.

6

Les apprenants réemploient les expressions vues dans les **exercices 4** et **5** : selon le modèle proposé, ils s'interrogent sur ce qu'ils font professionnellement. Vous pouvez par exemple procéder de la manière suivante : les apprenants se déplacent dans la salle. Quand vous tapez des mains, ils s'arrêtent et échangent deux par deux. Puis, quand vous retapez des mains, ils reprennent la marche dans la salle, jusqu'au prochain signal.

7

Expliquez aux apprenants qu'ils vont découvrir le verbe **faire**, qui est irrégulier. Ils commencent par compléter la conjugaison du verbe à l'aide des formes apparues dans les dialogues (**exercice 4**) et répétées dans le modèle de phrases (**exerice 6**). Pour la prononciation, vous pouvez lire la conjugaison du verbe une fois, puis le faire répéter aux apprenants en petits groupes. Pour cela, apportez des dés et proposez un dé par groupe. À tour de rôle, les apprenants lancent le dé qui leur donne le pronom (1 = **je**; 2 = **tu**; 3 = **il/elle**; 4 = **nous**; etc.). Ils conjuguent le verbe **faire** avec ce pronom.

Faites ensuite l'exercice avec le groupe.

8
CD
1 | 40

Les apprenants cherchent dans les dialogues **4 b.** les nombres et complètent la marge. Quand ils sont prêts, passez l'enregistrement pour qu'ils vérifient leurs réponses. Puis, faites répéter les nombres de 20 à 29, en cercle, les uns après les autres.

Les nombres de 20 à 69

Une réforme récente de l'orthographe accepte désormais l'écriture de **vingt et un** avec des tirets (**vingt-et-un**). Informez les apprenants que les deux sont possibles. Après avoir lu l'information concernant la formation des nombres de 30 à 69, proposez des activités pour faire prononcer et répéter ces nombres. Par exemple :
– notez tout simplement des nombres de 20 à 69 au tableau. Les apprenants les lisent à voix haute.
– faites répéter des suites de nombres : 4–14–24–34–44–54–64 ; 6–16–26–36–46–56–66 ; etc.

9

En petits groupes (trois personnes) : un apprenant dicte cinq nombres entre 20 et 69 aux autres qui les notent. Ils comparent leurs résultats.

▶ Ex. 3

10

Les apprenants disent les nombres de 0 à 69, les uns après les autres, dans le sens des aiguilles d'une montre. Pour tous les chiffres qui contiennent un 4 ou sont divisibles par 4, ils tapent des mains. Si une personne tape des mains au mauvais moment, le sens change.

page 52 — La journée de Léa

11

▶ Ex. 4, 7a, 7b, 10

Les apprenants travaillent seuls ou en petits groupes : ils regardent les dessins décrivant la journée de Léa. Puis, ils cherchent et numérotent les phrases correspondantes. Les heures, notées en haut à gauche de chaque dessin, peuvent être un indice qui aide à réaliser l'exercice.

Unité 4

LERNTIPP	Attirez l'attention du groupe sur le «tuyau» dans la marge. Il est important que les apprenants apprennent à se concentrer sur ce qu'ils comprennent, plutôt que sur ce qu'ils ne comprennent pas.
	Vérifiez les résultats en plénum. Puis, lisez ensemble le texte et répondez aux questions éventuelles du groupe.
NOTEZ	Lisez ensemble l'information concernant la conjugaison du verbe **manger**. Expliquez que le **e** de **mangeons** a une valeur phonétique (pour modifier la prononciation du **g** devant **o**).
Prononciation du g	Lisez ensemble les explications concernant la prononciation de la lettre **g**.
INFO	Lisez ensemble l'information concernant les temps de travail en France. Éventuellement, invitez le groupe à comparer avec leur pays et à réagir en langue maternelle.
12 a	Les apprenants complètent la conjugaison du verbe **prendre** (irrégulier) dans la marge, en recherchant les formes manquantes dans le texte de l'**exercice 11**. Lisez ensuite à voix haute le verbe **prendre** pour qu'ils entendent la prononciation. Faites-les éventuellement répéter, en petits groupes, à l'aide d'un dé. (Le dé donne le pronom. 1 = **je**; 2 = **tu**, etc.) Vous pouvez par ailleurs faire remarquer que le verbe **comprendre** se conjugue de la même manière que **prendre**.
12 b ▶ Ex. 6	Cette activité permet de s'entraîner à la conjugaison du verbe, tout en découvrant des expressions qui le contiennent. Les apprenants travaillent en petits groupes. Chacun à leur tour, ils forment une phrase avec un pronom, le verbe **prendre** et un complément qu'ils choisissent parmi ceux proposés dans le cadre à droite. (Vous pouvez proposer à chaque groupe de travailler avec un dé, qui déterminera le pronom. 1 = **je**; 2 = **tu**; etc.)

 page 53

13 ▶ Ex. 8, 9a, 9b	Commencez par faire lire la question dans la marge : **Il est quelle heure ?** C'est à cette question que les apprenants vont apprendre à répondre. Expliquez qu'en français comme en allemand, il existe deux manières de dire l'heure : l'une appartient au langage courant (*Umgangssprache*), l'autre relève d'un langage plus institutionnel (*offizielle Zeit*), celui utilisé par exemple dans les gares ou les aéroports. Dans le tableau de l'exercice, le temps institutionnel est donné. Les apprenants recherchent dans le texte de l'**exercice 11** les équivalents en langage courant.

	Abréviation de «heure»	On n'utilise pas les mêmes codes écrits en allemand et en français pour noter l'heure. Ainsi, en allemand, 15 heures se note 15.00. En français, on écrira **15 h 00**.
14 a CD 1|41 3|16		Il s'agit d'un exercice d'application de ce qui vient d'être vu (l'heure). Passez l'enregistrement. Les apprenants notent l'ordre dans lequel ils entendent les heures indiquées.
14 b CD 1|41 3|16		Dans un second temps, ils reformulent les heures données dans l'**exercice 14 a**, soit en langage courant, soit en langage institutionnel.
15		L'activité permet de répéter les heures de manière ludique. En cercle, les uns après les autres, les apprenants donnent l'heure en ajoutant à chaque fois une heure et cinq minutes. Petit clin d'œil : vous constaterez qu'à la fin du tour, lorsqu'on arrive à 11 h 55, la plupart des personnes donne **midi** au lieu de **13 heures** !
16		L'activité se fait à deux. L'un regarde la page 192, et l'autre la page 195. Les apprenants doivent s'interroger mutuellement pour obtenir des informations sur les horaires quotidiens de François et Maryline. Dans un second temps, ils pourront se poser des questions concernant leurs horaires personnels. Outre l'énoncé de l'heure, les apprenants s'entraînent ici à mettre les verbes à la forme exacte du présent.
	NOTEZ	Les phrases dans la marge permettent de différencier **Il est quelle heure ?** et **À quelle heure** ? Donnez aussi la structure des réponses si vous le souhaitez et notez-les au tableau. (**Il est 8 heures. / C'est à 8 heures.**)
17		Proposez aux apprenants d'écrire un texte décrivant leur quotidien. Ils réemploieront ainsi les structures vues dans l'unité. Par ailleurs, des amorces les aiguillent. Cependant, une des informations doit être fausse (si possible de manière assez évidente !). Passez auprès de chacun d'eux pour aider si nécessaire. Ensuite, les productions sont lues à haute voix au groupe qui devine où se cache l'information fausse.
	À photocopier Fiche d'activité 4	La **Fiche d'activité 4** page 113 offre un texte à lire pour découvrir les rythmes de travail des Français.

Unité 4 39

page 54   **À propos...**

18   Plusieurs cartes de visite sont présentées. Grâce à une approche ciblée de ces documents, les apprenants cochent les informations qu'ils contiennent.

19   Puis, sur le modèle des cartes qu'ils viennent de découvrir, ils en constituent une pour eux (à partir de leur identité réelle ou fictive.) Passez auprès de chacun pour aider si nécessaire.

20   Les cartes de visite ainsi constituées servent de support à un jeu de rôle. Les apprenants imaginent qu'ils sont invités à une réception en France. Munis de leur carte de visite, ils se déplacent dans la salle et mènent une brève conversation avec un(e) autre. Ils échangent alors leur carte de visite avec leur interlocuteur, puis continuent à se déplacer dans la salle. Jusqu'au prochain échange, avec la nouvelle carte de visite. Cette activité permet de réemployer les structures apprises pour se présenter. Elle permet par ailleurs de découvrir et utiliser les productions des autres apprenants comme support pour parler.

 Vous pouvez visionner la vidéo **Pause café**. Les exercices pour le cours se trouvent dans l'**Option 2**, page 81. (Voir les explications à la page 56 de ce guide pédagogique.)

À photocopier
Fiche vidéo 4

Des exercices guidés supplémentaires pour la vidéo de l'**Unité 4** sont proposés page 127. Les apprenants peuvent aussi les faire à la maison.

Solutions

1. Marco : Salut tout le monde !
   Collègues : Salut Marco !
   Marco : Salut. Je suis Marco.
   Pierre : Bonjour. Moi, c'est Pierre.
   (...)
   Marco : Bienvenue au magazine ! Je travaille pour la rubrique « art et culture ».
   (...)
   Marco : Oui. On prend un café ?
   Pierre : Oui, pourquoi pas ? Quelle heure il est ?
   Marco : Dix heures trente : c'est l'heure de la pause.
2. 1. un café ; 2. aime ; 3. 50 ; 4. 10 ; 5. regarde la télé ; 6. au restaurant ; 7. au métro Bastille
3. breton / marrant / petite / magnifique / stressant / fatigants

pages 55–57   **Exercices**

Sur ces trois pages se trouvent des exercices complémentaires classés dans les catégories suivantes : **Vocabulaire, Grammaire, Phonétique** et **Compréhension et expression**. Ils correspondent aux activités de l'unité et peuvent être effectués, selon les besoins, en cours ou à la maison.

 page 58   **Repères**

Sur cette page se trouve un résumé des expressions et structures grammaticales les plus importantes.

 1 | 45

Vous pouvez faire répéter les expressions les plus importantes avec **Répétez en musique**, pour consolider les acquis à la fin de chaque unité, ou bien les utiliser en tant qu'échauffement pour aborder la prochaine unité.

Unité 5 — Le temps libre

objectifs

- parler des sports et des loisirs
- écrire des e-mails / cartes postales
- exprimer son opinion
- justifier quelque chose
- dire les jours de la semaine
- les prépositions devant les noms de régions
- les verbes **préférer** et **aller**
- l'article contracté (avec **de** et **à**)
- le mot interrogatif **quel**

 page 59 — **page d'ouverture**

1 — On voit sur la page d'ouverture une photo du lac de Sainte-Croix, dans les Alpes de Haute-Provence. La consigne indique qu'il est possible d'y pratiquer plusieurs sports. Les noms de différents sports sont donnés sous la photo, accompagnés de dessins qui les illustrent. Invitez les apprenants à lire ce vocabulaire nouveau. Demandez-leur éventuellement s'ils connaissent d'autres noms de sports en français et si oui, notez-les au tableau. Puis proposez-leur, selon la consigne et les exemples, de dire quel(s) sports ils pratiquent eux-mêmes, ou quel(s) sports ils aiment, sans toutefois le pratiquer.

Variante — Chaque apprenant note au maximum trois sports qu'il pratique, un sport qu'il aime (sans le pratiquer) et un sport qu'il n'aime pas. Puis, tous se déplacent dans la salle et essaient de trouver la personne avec laquelle ils ont le plus de points communs.

2 — Les apprenants ont vu quels sports on pouvait pratiquer au lac de Sainte-Croix. Ils font maintenant la liste des sports que l'on peut pratiquer dans leur région. Lisez ensemble le vocabulaire proposé dans l'encadré à droite. Laissez-les réfléchir seuls ou par deux. Puis, rassemblez les résultats en plénum.

INFO — Le lac Saint-Croix est une retenue artificielle, à l'entrée des gorges du Verdon, qui existe depuis 1973. Avec une superficie d'environ 2 200 hectares, c'est le troisième plus grand lac de France et un site touristique estival important.

 page 60 — **Le sport, ça fait du bien !**

3 — Les apprenants découvrent trois documents (un sms, un e-mail et une carte postale) écrits par des gens en vacances à leurs amis ou famille. Demandez d'abord aux apprenants de lire les documents en recherchant une information ciblée : les lieux où ces personnes passent leurs vacances. Rassemblez les réponses et notez au tableau : **en Ardèche, à la maison, en Bretagne, à Saint-Malo**. Expliquez-leur qu'ils vont découvrir quelles prépositions utiliser devant les noms de région et invitez-les à rechercher un autre exemple dans les textes. Ils relèveront **dans le Jura**. Lisez alors ensemble les informations dans la marge.

Prépositions devant les noms de région

À la différence de l'allemand, les noms de régions sont accompagnés d'un article défini en français. Cet article détermine la préposition devant le nom de la région, lorsque l'on exprime où on se situe ou où on va (en allemand : *wo? wohin?*).

Lisez ensuite ensemble les trois textes, ainsi que les Rappels et l'information Notez dans la marge.

RAPPEL

Les apprenants revoient les pronoms toniques **moi** et **toi**. À la différence de **je** et **tu**, ils ne sont pas suivis d'un verbe. Ils sont seuls, suivent une préposition ou un mot de liaison, ou servent à mettre le pronom en relief.

NOTEZ

Nous est aussi un pronom tonique. Vous pouvez faire remarquer que les pronoms toniques sont souvent utilisés à l'oral en français, où on aime répéter le sujet. (**moi, je / Et toi, tu… ? / Nous, nous…**)

RAPPEL

On est très souvent utilisé dans le sens de **nous**, à l'oral. Vous pouvez éventuellement signaler aux apprenants qu'on utilise le pronom tonique **nous**, avec le sujet **on**. (Exemple : **Nous, on visite des musées.**)

4

▶ Ex. 1, 5a, 8

Cet exercice est l'occasion de relire les documents de l'activité précédente, tout en focalisant l'attention sur l'article contracté avec **de**. Invitez les apprenants à former des phrases avec les éléments proposés, seuls ou par deux. Les réponses étant contenues dans les trois textes, ils n'ont pas besoin de connaître déjà la règle de l'article contracté. Mais de la sorte, ils peuvent l'anticiper. Rassemblez les résultats en plénum.

L'article contracté avec de

Lisez ensuite ensemble l'explication dans la marge concernant l'article contracté avec **de**.

 page 61

5

Proposez aux apprenants l'activité suivante pour répéter et mémoriser le vocabulaire : une personne mime un sport. Les autres devinent de quel sport il s'agit.

LERNTIPP

Avant de faire l'activité, attirez l'attention sur le « tuyau » dans la marge. Si certains apprenants sont réticents à se prêter à des activités faisant intervenir le corps, d'autres au contraire sont très réceptifs aux effets que le mouvement produit sur la mémoire. Pour information : des études ont révélé que les

Unité 5

apprenants se rappellent en général de 50 % de ce qu'ils voient et entendent, 70 % de ce qu'ils disent et font. Au mieux, combinez les différents types d'apprentissage (visuel, auditif, kinesthésique ou tactile).

6
▶ Ex. 7

En cercle, les uns après les autres, les apprenants disent quel(s) sport(s) ils pratiquent. Cette activité centrée sur les apprenants leur permet de réemployer une fois encore le vocabulaire du sport, ainsi que l'article contracté avec **de**.

Activité supplémentaire

Lors de la réalisation de l'exercice 6, notez sur un papier le(s) sport(s) que chacun pratique. Quand le tour de salle est terminé et que chacun s'est exprimé, demandez par exemple : **Qui fait du jogging ? Qui fait de la danse ?** Etc. Le groupe doit alors retrouver les personnes qui avaient cité ces activités sportives.

RAPPEL

Avant de commencer l'activité, rappelez-leur la négation avec **pas de**.

Le mot interrogatif quel

Dans les unités précédentes, les apprenants ont déjà rencontré des formes du mot interrogatif **quel**. Lisez les exemples et faites remarquer le tableau de l'accord de **quel**, selon le genre et le nombre du nom qu'il accompagne.

7
CD
1 | 46
3 | 18

Les apprenants vont apprendre à justifier quelque chose, en utilisant **parce que**. On propose d'abord une activité de compréhension orale globale : ils écoutent des interviews de personnes (celles qui ont écrit les textes de l'exercice 3) qui expliquent pourquoi elles font telle ou telle activité. Ils doivent d'abord relier une interview à une des personnes. Comprendre quelques éléments des interviews, comme le nom des sports, suffit pour répondre.

8
CD
1 | 46
3 | 18

Lisez ensemble les justifications. Puis repassez les interviews. Les apprenants cochent les prénoms correspondants. Vérifiez en plénum.

INFO

Attirez l'attention sur l'information dans la marge. Invitez éventuellement les apprenants à réagir en langue maternelle. L'information correspond-elle à l'image que ceux-ci se font des Français ? Pensent-ils que les chiffres et les sports préférés sont différents dans leur propre pays ?

9
▶ Ex. 12

Dans cette activité, les apprenants parlent de leurs activités de loisirs et expliquent pourquoi ils les pratiquent. Ils réemploient donc la proposition conjonctive **parce que**. Avant de commencer l'activité, lisez ensemble les exemples ainsi que l'encadré à droite qui rappelle des expressions connues et donne des idées pour guider la production. Les apprenants travaillent en petits groupes. Pour favoriser la répétition et les interactions, changez les groupes à plusieurs reprises.

page 62   **Qu'est-ce qu'on fait ce soir ?**

10
CD 1|47 3|19

Faites écouter et lire les dialogues de la planche de bande dessinée. Les apprenants proposent un titre.

RAPPEL — Attirez l'attention sur le rappel dans la marge.

Le verbe préférer — Lisez ensemble l'information concernant l'accent dans la conjugaison du verbe **préférer**.

NOTEZ — Faites remarquer l'expression **j'aimerais**. Indiquez aux apprenants qu'on ajoute souvent l'adverbe **bien** à l'oral après **aimer**, dans le sens de *mögen* (**j'aime bien / j'aimerais bien**).

11
▶ Ex. 2, 4, 9a, 9b

Les apprenants travaillent par deux. Ils reprennent le dialogue en modifiant et variant les activités (par exemple, en remplaçant les activités du dialogue par celles qui les intéresseraient eux-mêmes).

12 a
▶ Ex. 6

Les apprenants découvrent la conjugaison du verbe **aller**. À l'aide des formes du verbes contenues dans la bande dessinée, ils complètent les phrases de l'activité. Puis, ils complètent la conjugaison du verbe **aller** dans la marge.

NOTEZ — Faites remarquer qu'**aller** est le seul verbe en **-er** qui soit irrégulier.

12 b
▶ Ex. 5b

Les apprenants ont découvert dans la première double page l'article contracté avec la préposition **de**. Ils découvrent maintenant l'article contracté avec la préposition **à**. Dans un premier temps, ils complètent les phrases à l'aide du dialogue de la bande dessinée. Ensuite, ils lisent l'information dans la marge.

L'article contracté avec à — Pour les groupes les plus avancés, vous pouvez demander de faire formuler la règle à l'aide des phrases de l'activité (sur le modèle de l'article contracté avec **de**), avant de procéder à la lecture de l'information dans la marge.

 page 63

13

Cette activité de découverte lexicale donne à découvrir des noms de lieux de loisirs qui vont être réemployés dans l'exercice suivant. Les apprenants réfléchissent d'abord seuls. Vérifiez ensuite les réponses en plénum.

14

Par deux, ils lancent un dé qui donne le pronom (1 = **je** ; 2 = **tu**, etc.) et forment des phrases avec les mots de l'**exercice 13**. Ils s'entraînent donc à conjuguer le verbe **être** tout en employant l'article contracté avec **à**. Vous pouvez les inviter à utiliser d'autres noms de lieux. (Établissez-en éventuellement une liste que vous noterez au tableau avec l'ensemble du groupe.)

Unité 5

15a

Expliquez aux apprenants qu'ils vont découvrir l'emploi du temps de la semaine d'une Française, Béatrice. En plénum, ils disent quelles sont les activités de Béatrice, et quel jour elle les réalise. Ainsi, ils repèrent les informations du document, ce qui délestera l'écoute dans l'exercice suivant. En même temps, ils repèrent et disent une première fois les noms des jours de la semaine.

15b

CD
1|48
3|20

▶ Ex. 11

Les apprenants écoutent maintenant la description que fait Béatrice de son emploi du temps. Ils complètent l'agenda avec les activités manquantes.

16

Les apprenants vont mémoriser les jours de la semaine, en les répétant en cercle, chacun nommant un jour à tour de rôle.

Les jours de la semaine

Voici un moyen mnémotechnique de mémoriser les jours de la semaine : on peut les associer aux planètes. **Lundi / la lune** ; **mardi / mars** ; **mercredi / Mercure** ; **jeudi / Jupiter** ; **vendredi / Venus** ; **samedi / Saturne**. Et le **dimanche**, qui ne fait rien comme les autres, reste seul !

NOTEZ

Attirez l'attention sur la manière de dire la date en français. On utilise le verbe **être** avec **on** ou **nous**.

17

▶ Ex. 3

Cette activité de mémorisation permet de répéter les jours de la semaine et les activités de loisirs de manière ludique. Le premier apprenant donne un jour de la semaine et y associe une activité. Le suivant répète l'information donnée par son prédécesseur, puis il ajoute un jour et une activité. Et ainsi de suite. Dès que l'un des participants se trompe, le jeu repart à zéro. (Il est cependant possible de commencer avec **mercredi** ou **samedi** par exemple. On n'est pas obligé de commencer par **lundi**.)

18

Cette activité se fait à deux, chacun des deux partenaires se rendant à une page différente. Ils ajoutent quatre activités à celles qui sont déjà inscrites sur le calendrier. Puis, ils s'interrogent mutuellement pour connaître les activités (au moins sept) de l'agenda de l'autre. Pour les aider, vous pouvez noter des questions types au tableau. (**Qu'est-ce que tu fais lundi matin ? Et l'après-midi ? Jeudi soir, tu fais du sport ?**)

**À photocopier
Fiche d'activité 5**

Pour répéter le vocabulaire des activités de loisirs, vous pouvez proposer la Fiche d'activité 5 page 114.

page 64 **À propos…**

19 La page se présente comme une brochure de l'office de tourisme de Saint-Martin-d'Ardèche, vantant les différentes activités que l'on peut y faire, sur place ou dans les alentours. Les apprenants commencent par une lecture ciblée des textes. Ils lisent la description de cinq situations et disent quelle activité leur correspond. Pour cela, ils ne doivent pas comprendre les textes de la brochure dans le détail : la compréhension de quelques éléments clés permet de réaliser l'exercice. Par ailleurs, les photos donnent des informations utiles. Vérifiez les réponses en plénum et demandez aux apprenants de justifier leurs réponses en citant les parties des textes qui les ont aidés à répondre. Si le groupe le souhaite, lisez ensuite les textes ensemble et expliquez le vocabulaire qui n'est pas clair.

20a Les apprenants vont maintenant parler de leur région. Ils imaginent qu'ils vont faire ensemble une excursion. Formez trois groupes. Chaque groupe établit une liste des choses que ses membres aiment (faire).

20b Ensuite, chaque groupe lit sa liste. Les deux autres groupes font alors des propositions d'activités. Pour rendre l'activité plus ludique, vous pouvez imaginer de la faire sous forme de jeu. Chaque groupe qui propose une activité retenue par le premier groupe gagne un point.

Variante Chaque groupe établit une liste des choses intéressantes à voir ou à faire dans la ville ou la région et crée une brochure touristique.

 Vous pouvez visionner la vidéo **À samedi ?** Les exercices pour le cours se trouvent dans l'**Option 2**, page 82. (Voir les explications à la page 57 de ce guide pédagogique.)

À photocopier Des exercices guidés supplémentaires pour la vidéo de l'**Unité 5** sont proposés
Fiche vidéo 5 page 128. Les apprenants peuvent aussi les faire à la maison.

Solutions 1. samedi matin / piscine / gymnastique / club de fitness / dix heures / le foot
2. 1. vendredi ; 2. de Pierre ; 3. sympa et charmant ; 4. trop romantique ; 5. un film d'amour
3. 1. prennent ; 2. va, fait ; 3. fait, préfère ; 4. est, a
4. 1. fatigant ; 2. marrant ; 3. original ; 4. numéro ; 5. adore
Lösungswort : amour

pages 65–67   **Exercices**

Sur ces trois pages se trouvent des exercices complémentaires classés dans les catégories suivantes : **Vocabulaire, Grammaire, Phonétique** et **Compréhension et expression**. Ils correspondent aux activités de l'unité et peuvent être effectués, selon les besoins, en cours ou à la maison.

 page 68   **Repères**

Sur cette page se trouve un résumé des expressions et structures grammaticales les plus importantes.

1 | 52   Vous pouvez faire répéter les expressions les plus importantes avec **Répétez en musique**, pour consolider les acquis à la fin de chaque unité, ou bien les utiliser en tant qu'échauffement pour aborder la prochaine unité.

Vous désirez ?

Unité 6

objectifs

- acheter des aliments
- dire ce dont on a besoin (**il faut**)
- parler des prix
- donner les quantités et les poids
- dire ce qu'on a fait
- l'article partitif
- le verbe **acheter**
- le **passé composé**
- la négation au **passé composé**
- les nombres de 70 à 100

 page 69 — **page d'ouverture**

1

Dans cette unité, les apprenants vont apprendre à se débrouiller pour faire les courses en français. Ils commencent par revoir ou découvrir du vocabulaire sur le thème des aliments et des magasins. Lisez ensemble le nom des aliments (à gauche) et le nom des magasins (à droite) et demandez-leur de formuler des phrases pour dire où ils achètent les aliments. Pour les groupes avancés, vous pouvez demander si d'autres noms de magasins sont connus, et de dire ce que l'on peut y acheter.

2
CD
1|53
3|22

Cette activité de compréhension orale met en scène des clients qui font les courses. Une compréhension globale est d'abord demandée aux apprenants lors de la première écoute : ils doivent relier chaque dialogue à une photo du haut de la page.

3

Ils réécoutent ensuite les dialogues et disent ce que les clients achètent.

 page 70 — **Au marché**

4
CD
1|54
3|23

Informez les apprenants qu'ils vont entendre un dialogue ayant lieu sur un marché en France.

INFO

Avant de procéder à l'écoute du dialogue, attirez l'attention sur l'information concernant les marchés en France dans la marge.

Dans cette activité de compréhension orale ciblée, les apprenants cochent le nom des aliments qu'ils entendent dans le dialogue. Laissez-les d'abord lire les noms d'aliments et donnez la traduction lorsqu'ils sont inconnus. Puis, passez l'enregistrement. Vérifiez les réponses en plénum.

5	Les apprenants écoutent et lisent le dialogue en même temps. Invitez-les à rechercher et souligner dans le texte les expressions importantes utilisées sur le marché par le client et celles utilisées par le commerçant. Puis, ils remplissent le tableau sous le texte. Ils peuvent pour cela travailler à deux. Vérifiez ensemble les résultats. Proposez ensuite éventuellement de lire les dialogues à deux, à voix haute, en échangeant les rôles.
▶ Ex. 3, 8, 9	
Le verbe acheter	Attirez l'attention sur la conjugaison du verbe **acheter** dans la marge, avec un accent grave sur le **-e-** du radical avec les pronoms **je, tu, il / elle, ils / elles**. Faites remarquer que cette conjugaison s'applique à tous les verbes en **-eter**.
NOTEZ	Lisez ensemble l'information concernant la manière de demander / dire le prix.
NOTEZ	Lisez ensemble l'information sur le pluriel des noms en **-eau**, **-eu** et **-ou**.

 page 71

6	Les apprenants se posent la question : **Qu'est-ce que tu achètes ?** et y répondent, en chaîne. Ils doivent répondre en utilisant une des expressions de quantité données dans l'encadré, et un aliment figurant sur l'illustration. Lisez ensemble les expressions et assurez-vous qu'elles sont comprises. Expliquez qu'après ces expressions de quantité, on utilise **de** ou **d'**, suivi du nom de l'aliment, sans article. Faites remarquer qu'**un peu** fait partie de ces expressions (de même que **beaucoup de, assez de**, etc.) Vous pouvez également informer le groupe que **(ne)… pas de**, que l'on appelle parfois *Nullmenge*, fonctionne comme les expressions de quantité. Enfin, lisez ensemble l'exemple. Puis, invitez le groupe à réaliser l'activité.
▶ Ex. 1a, 1b, 2, 4	
LERNTIPP	À la fin de l'activité, vous pouvez lire ensemble le « tuyau » dans la marge. Pour mettre le conseil en pratique, vous pouvez commencer par constituer des soleils de mots, avec le groupe, sur le thème des aliments. Par exemple :

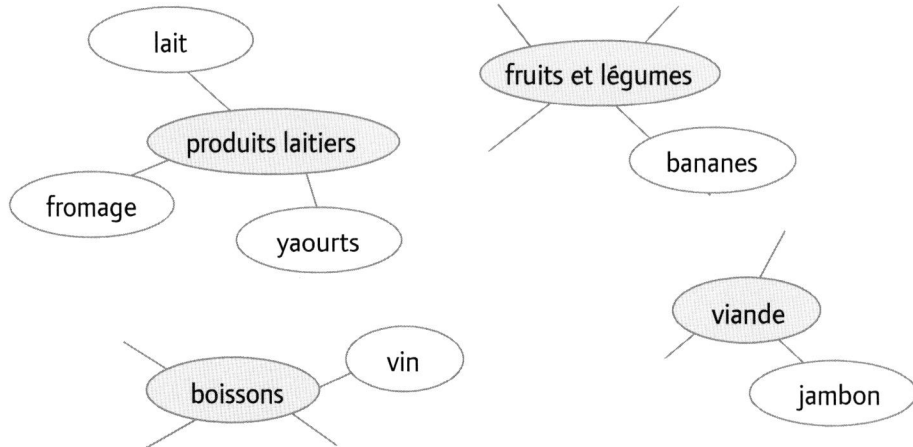

7		Demandez aux apprenants de lire la règle sur l'article partitif et de la compléter à l'aide d'exemples tirés des dialogues de l'**exercice 5**. Laissez-les d'abord réfléchir seuls, puis vérifiez en plénum.
	Der Teilungsartikel	Lisez ensemble l'information récapitulative dans la marge concernant l'article partitif.
8 ▶ Ex. 5		Proposez ensuite l'exercice d'application de la règle.
	NOTEZ	Lisez ensemble l'information sur les prépositions dans la marge : **à** + lieu / magasin ; **chez** + personne / entreprise.
	Activité supplémentaire 1	Un des apprenants commence et dit : **Je vais au marché et j'achète…** et il complète la phrase avec un aliment de son choix. L'apprenant suivant répète, puis ajoute un deuxième aliment. Et ainsi de suite. Dès qu'un des participants oublie de répéter un des aliments ou se trompe, le jeu repart à zéro.
	Activité supplémentaire 2	Par deux, les apprenants écrivent un dialogue qui a lieu sur le marché. Passez auprès des groupes et aidez ou corrigez si nécessaire. Puis, ils recopient ce dialogue sur une feuille en supprimant des mots ou des expressions du dialogue et en les remplaçant par des espaces vides. Ils ont ainsi créé un dialogue à trous. Ramassez les feuilles et redistribuez-les dans le groupe. Les apprenants (toujours en groupes de deux) doivent compléter le dialogue qu'ils ont reçu. Quand ils ont terminé, ils peuvent comparer leur variante avec l'original.
9 		Pour commencer, demandez à chaque apprenant d'écrire le nom de trois ou quatre aliments. Lorsque c'est fait, annoncez-leur que cette liste va leur servir de liste de courses. Ils travaillent en groupe de deux ou trois et doivent jouer la scène sur le marché. L'un est le client, les autres sont les commerçants. Puis, ils changent de rôle. Passez auprès des groupes pour aider si nécessaire.
	À photocopier Fiche d'activité 6	Pour répéter le vocabulaire des aliments et le partitif, vous pouvez proposer la Fiche d'activité 6 à la page 116.

📖 page 72 — Qu'est-ce qu'il faut ?

10 CD 1|55 3|24		Les apprenants vont entendre une conversation téléphonique entre Michel et son amie Sophie. Ils doivent écouter la conversation et répondre aux questions. Lisez d'abord les questions, ainsi que la liste d'aliments dans la marge, qui aide à répondre aux questions. Donnez la traduction des noms d'aliments encore inconnus.
	LERNTIPP	Attirez l'attention sur le « tuyau » dans la marge.

Unité 6

11 CD 1|55 3|24		Les apprenants écoutent encore une fois et lisent le dialogue. Ils vérifient ainsi leurs réponses aux questions de l'**exercice 10**.
	Il faut	Lisez ensemble l'information dans la marge. Faites remarquer que **il faut** peut-être suivi d'un nom (**il faut des œufs**) ou d'un infinitif (**il faut acheter de la pâte brisée**).
	NOTEZ	Attirez l'attention sur la particularité de la prononciation du mot **œuf**, différente au singulier et au pluriel.
	INFO	Lisez ensemble l'information.
12 ▶ Ex. 7a, 7b, 7c		Les apprenants connaissent les nombres jusqu'à 69. Ils vont découvrir les nombres de 70 à 99. Pour commencer, ils relient un prix écrit en chiffre, avec la phrase dans laquelle il apparaît écrit en lettres. Vérifiez les réponses en plénum. Aidez à la prononciation des nombres, si nécessaire, lors de l'énoncé des réponses.
	Die Zahlen	Faites remarquer que : – pour 81 et 91, le mot **et** disparaît. (On ne dit pas **quatre-vingt et un**, mais **quatre-vingt-un** !) – il existe une règle pour le **-s**. On écrit ainsi **quatre-vingts** mais **quatre-vingt-un** ; **deux cents**, mais **deux cent un**. Lorsque le nombre qui contient le **-s** est suivi d'un autre nombre, alors le **-s** tombe. Que les apprenants ne paniquent pas : ce n'est pas très grave s'ils ne maîtrisent pas cette règle à un niveau A1. L'essentiel est d'apprendre à utiliser et comprendre les nombres. Leur orthographe viendra plus tard. – la manière de compter diffère entre la France, la Suisse et la Belgique. Dans ces deux derniers pays, on utilise **septante** (70), **octante** (80) et **nonante** (90). Ainsi, 71 se dit **septante et un**, 92, **nonante-deux**, etc. Un système plus simple à mémoriser pour les apprenants !

 page 73

13 CD 1|56		Cet exercice de compréhension orale permet de répéter les nombres jusqu'à 99. Demandez d'abord aux apprenants de lire le ticket de caisse. Puis, passez l'enregistrement. Ils doivent compléter avec les prix manquants. Vérifiez les réponses en plénum.
	Activité supplémentaire	Pour répéter les nombres de 0 à 99, proposez le jeu du miroir. Les apprenants travaillent par deux. Le premier donne un nombre, par exemple 37. Le second donne le nombre-miroir, c'est à dire 73. Autres exemples : 82 / 28 ; 17 / 71 ; 60 / 06, etc.

14	Expliquez aux apprenants qu'ils ont vu dans le dialogue de l'**exercice 11** des verbes au passé composé. En français, il existe trois temps pour faire un récit au passé : le passé simple, un temps utilisé uniquement à l'écrit, en littérature, (et de moins en moins) qu'ils n'ont donc pas besoin de connaître à leur niveau. Puis, le passé composé et l'imparfait. Ces deux deniers sont nécessaires dans le langage courant. Ils découvriront cependant l'imparfait et la différence d'emploi des deux temps au niveau A2. Laissez-leur quelques minutes pour chercher, seuls ou par deux, des verbes au passé composé dans le dialogue, et pour compléter la règle. Vérifiez en plénum.
RAPPEL	On ne peut former le passé composé sans connaître la conjugaison de son auxiliaire principal, **avoir**. La conjugaison de ce verbe est donc rappelée dans la marge.

Précisez aux apprenants qu'ils ne découvrent ici que les verbes dont le passé composé se forme avec **avoir** et que les verbes en **-er**, car il s'agit d'une première approche. Ils approfondiront leur connaissance du passé composé (avec l'auxiliaire **être** et les autres formes du participe passé) dans les unités suivantes. |
15 ▶ Ex. 6, 10	Dans cet exercice de systématisation du passé composé, les apprenants complètent les phrases en mettant le verbe au passé. Laissez-leur quelques minutes pour compléter, puis vérifiez ensemble. Faites remarquer l'ordre des mots avec la négation (phrases 3 et 6) : **ne** et **pas** encadrent l'auxiliaire.
LERNTIPP	Attirez l'attention sur le « tuyau » dans la marge.
16 	Les apprenants travaillent par deux. L'un donne un verbe. Le second lance le dé (le dé déterminant le pronom : 1 = **je**, 2 = **tu**, etc.) puis conjugue le verbe avec ce pronom au passé composé.
17	En chaîne : les apprenants disent ce qu'ils ont mangé, chacun répétant ce que les précédents ont cité. Lorsqu'un des apprenants oublie un des éléments de la phrase ou se trompe, le jeu repart à zéro.

page 74 — À propos…

18	La page **À propos…** évoque de grandes marques françaises, belges et suisses qui s'exportent à l'étranger. Commencez par demander aux apprenants de regarder les photos et de dire s'ils connaissent ces marques. Puis, lisez et expliquez ensemble le texte. Invitez-les ensuite à dire dans lequel de ces magasins ils trouvent les produits indiqués dans l'encadré. L'activité se fait avec tout le groupe.

Unité 6 53

19 Les apprenants donnent ensuite des exemples, s'ils ont des idées, de produits ou entreprises de leur région ou pays qui s'exportent à l'étranger.

20 Par deux, les apprenants disent ce qu'ils ont acheté hier. Puis, ils font un compte-rendu au groupe et comparent leurs réponses.

Vous pouvez visionner la vidéo **Et avec ça ?** Les exercices pour le cours se trouvent dans l'**Option 2**, page 83. (Voir les explications à la page 58 de ce guide pédagogique.)

À photocopier
Fiche vidéo 6

Des exercices guidés supplémentaires pour la vidéo de l'**Unité 6** sont proposés page 129. Les apprenants peuvent aussi les faire à la maison.

Solutions
1. 1. beaucoup ; 2. hygiène ; 3. industrielles ; 4 pour des collègues ; 5. le dessert
2. Pierre : 1, 4, 5 ; Malika : 2, 3, 6
3. une spécialité bretonne : les galettes
   une spécialité marocaine : les chebakkias
4. de ; du ; de la ; du ; des ; du ; des ; de ; des ; des ; des ; du

---

 pages 75–77 **Exercices**

Sur ces trois pages se trouvent des exercices complémentaires classés, dans les catégories suivantes : **Vocabulaire, Grammaire, Phonétique** et **Compréhension et expression**. Ils correspondent aux activités de l'unité et peuvent être effectués, selon les besoins, en cours ou à la maison.

---

 page 78 **Repères**

Sur cette page se trouve un résumé des expressions et structures grammaticales les plus importantes.

 1|60

Vous pouvez faire répéter les expressions les plus importantes avec **Répétez en musique**, pour consolider les acquis à la fin de chaque unité, ou bien les utiliser en tant qu'échauffement pour aborder la prochaine unité.

Option 2

 page 79   **Français et francophones**

1

La page présente des personnes célèbres, francophones (françaises pour la plupart, belge en ce qui concerne Stromae) dont au moins un des deux parents est né ailleurs. Les textes dévoilent ainsi la diversité et la richesse de la population française et francophone. Demandez d'abord aux apprenants de regarder les photos et de dire quelle(s) personne(s) ils connaissent, et ce qu'ils savent sur elle / lui. Puis, invitez-les à lire les textes, de manière individuelle, et à les relier avec une photo. Vérifiez les réponses ensemble. Puis, lisez et expliquez ensemble les textes.

INFO

Lisez ensemble l'information culturelle au sujet du **verlan**. Si le groupe est intéressé, vous pouvez proposer de faire deviner l'origine de certains mots de verlan. Par exemple : tromé pour métro ; céfran pour français, zarbi pour bizarre, etc. Petite anecdote : le nom de Voltaire, né Arouet, est lui-même une construction en verlan et provient du nom de la ville Airvault (en verlan : Vault-air, Voltaire), d'où venait son grand-père.

2

Lisez ensemble la question de la consigne et laissez les apprenants répondre. S'ils sont intéressés, vous pouvez proposer de faire une recherche à la maison sur une de ces personnalités et d'écrire en français un petit texte à leur sujet, pour le cours suivant.

 page 80   **Pour la profession**

3

La page **Pour la profession** met les apprenants dans une situation qu'ils pourraient très probablement rencontrer au cours de leur apprentissage du français : l'inscription à un cours de langue dans une école française. Introduisez la situation : une jeune Allemande travaillant dans l'hôtellerie souhaite s'inscrire à un cours de français pour perfectionner ses connaissances de la langue et sa prononciation. Quel cours va-t-elle choisir ? Cette question est surtout le prétexte pour faire observer la brochure des cours. (Une lecture ciblée est largement suffisante. Il ne s'agit pas de comprendre le détail des descriptions !)

4
CD 1|61

Passez l'enregistrement : les apprenants écoutent le début de la conversation téléphonique entre Ingrid et la secrétaire de l'école. Ils disent quel cours elle choisit.

INFO

Lisez ensemble l'information sur la manière de répondre au téléphone. Soulignez le fait que le mot **allô** ne signifie pas *Hallo* et ne remplace pas **bonjour** !

5
CD 1|62

Passez la suite de la conversation, une ou plusieurs fois. Les apprenants remplissent le formulaire et disent quelle information manque. Remplir un formulaire d'inscription est un exercice type d'examen (TELC, par exemple). Cette activité permet donc de s'y préparer. Vérifiez les réponses en plénum.

6

Les apprenants travaillent par deux. Ils s'interrogent mutuellement et remplissent le formulaire avec les informations données par leur partenaire. Pour réaliser l'activité, commencez par rassembler les questions nécessaires avec le groupe et notez-les au tableau. Puis, laissez les apprenants travailler en tandem et passez auprès d'eux pour aider, si besoin est.

page 81 — Vidéo unité 4   Pause-café

1

Pour resituer le contexte, demandez aux apprenants s'ils se rappellent où travaille Pierre. Invitez-les à cocher la rubrique du journal pour laquelle il travaille. Vérifiez la réponse avec le groupe.

2

Les apprenants regardent le début de la scène (Marco se présente). Puis, ils disent pour quelle rubrique du journal Marco travaille.

3

Les apprenants regardent la suite de la scène, sans le son : Marco et Pierre font une pause. De quoi les deux collègues peuvent-ils bien parler ? Faites un remue-méninges avec le groupe. Proposez-leur non seulement de donner les thèmes, mais aussi de formuler les phrases dites par Marco et Pierre. Puis, passez la fin de la vidéo pour vérifier les hypothèses.

4

Passez maintenant l'ensemble de la séquence, avec le son, et invitez les apprenants à remplir le tableau avec les activités des protagonistes.

5

Par deux, les apprenants comparent (et éventuellement complètent) leurs réponses. Repassez maintenant la vidéo avec les sous-titres. Ils vérifient leurs réponses.

6

Les apprenants jouent la scène. Ils peuvent choisir de jouer fidèlement les rôles de Pierre et Marco, ou alors, de jouer librement et de varier les horaires et les activités décrites. Pour que le jeu soit plus drôle, et donc plus facile, proposez-leur d'exagérer les rythmes. (Par exemple, un des personnages se lèvent à 5 heures et demie et a une heure dix de trajet !) Le dialogue peut-être préparé à l'écrit avant d'être joué : dans ce cas, passez auprès des tandems pour aider si nécessaire.

page 82 — Vidéo unité 5 À samedi ?

1 — Demandez aux apprenants de regarder la photo et de donner leur avis : **Qui est la jeune fille à côté de Camille ? De quoi parlent-elles ensemble ? Quelle heure est-il ? Où sont-elles ?** Rassemblez les idées en plénum.

Variante — Proposez la même activité, non pas avec la photo, mais en passant l'ensemble de la séquence, sans le son.

2 — Passez la vidéo jusqu'à la minute 1:32 et demandez aux apprenants de comparer avec leurs hypothèses précédentes. Puis, demandez-leur de lire le résumé sous la consigne et de choisir les bonnes réponses. Repassez la séquence si nécessaire. Vérifiez ensemble les réponses.

3 — Passez la vidéo jusqu'à la minute 2:31, sans le son. Invitez les apprenants à faire des hypothèses sur le thème de la conversation.

4 — Passez la vidéo jusqu'à la minute 2:31, avec le son. Vérifiez les hypothèses précédentes. Puis, demandez aux apprenants : **Comment peut faire Camille pour se rapprocher de Pierre ?** Faites un remue-méninges et notez au tableau les idées rassemblées.

5 — Passez la vidéo jusqu'à la fin. Les apprenants comparent les propositions de Marion avec leurs idées. Ils disent comment Camille réagit.

6 — Invitez les apprenants à jouer, par deux, une version raccourcie de la scène. Proposez-leur de modifier la fin. Camille ne veut pas aller au cinéma. Que va-t-elle faire avec Pierre ?

Variante — Proposez une scène avec un canevas identique à celui de la vidéo :
Deux amies, A et B se retrouvent dans un parc.
A propose une activité pour un jour de la semaine.
B réagit.
A demande à B comment va C.
B répond, avec un air bizarre.
A demande à B si elle est amoureuse.
B répond positivement. Elle dit le prénom de la personne et qui c'est.
A propose des idées pour se rapprocher de l'amoureux.
B réagit.
À partir de ce canevas, toutes les variations sont possibles. Changez plusieurs fois les tandems pour décliner différentes variations.

page 83   Vidéo unité 6   Et avec ça ?

1   Introduisez la situation : Pierre fait les courses. À partir de la photo, demandez aux apprenants d'imaginer la liste de courses de Pierre.

2   Passez la vidéo jusqu'à la minute 0:32. Les apprenants vérifient la liste qu'ils ont établie, et disent ce que Pierre cherche encore.

3   Passez la vidéo jusqu'à la minute 1:55. Les apprenants disent quelle impression la vendeuse leur fait.

4   Les apprenants regardent la vidéo jusqu'à la minute 3:26. Ils disent pourquoi Pierre fait les courses, ce qu'il va cuisiner, et ce que propose la vendeuse.

5   Les apprenants regardent la scène jusqu'à la minute 3:36. Repassez ensuite la séquence sans le son, mais avec les sous-titres. Ils lisent les sous-titres, en essayant de donner la bonne intonation.

6   À la fin de la vidéo, Pierre reçoit un SMS. Demandez aux apprenants d'imaginer qui est l'auteur(e) de ce SMS et ce qu'il / elle écrit. Puis, passez la fin de la vidéo pour vérifier.

page 84   Autoévaluation

La page autoévaluation peut être réalisée de manière autonome, à la maison ou en cours. Elle permet aux apprenants d'évaluer leurs acquis pour savoir quels points ils doivent éventuellement réviser ou pas. Elle permet aussi de faire un bilan pour mieux se fixer les prochains objectifs. Les questions 1 à 3 se rapportent aux apprentissages de l'**Unité 4**. Les questions 4 à 6 se rapportent aux apprentissages de l'**Unité 5**. Les questions 7 à 9 se rapportent aux apprentissages de l'**Unité 6**.

Vous prenez la rue...

Unité 7

objectifs

- demander et décrire le chemin
- nommer les moyens de transport
- donner des indications sur le lieu et la distance
- se donner rendez-vous
- le verbe **venir**
- **il faut** + infinitif
- le **passé composé** avec **être**
- les pronoms toniques

 page 85   **page d'ouverture**

1
CD
2 | 2

Dans cette unité, les apprenants vont apprendre à demander le chemin et comprendre la description du chemin, tout en visitant la ville de Nantes. Ils vont aussi élargir leur connaissance du passé composé, avec la découverte des verbes conjugués avec l'auxiliaire **être** et de nouveaux participes passés. Par ailleurs, les consignes des unités sont désormais en français. Veillez donc, dans un premier temps, à ce qu'elles soient bien comprises avant de demander de réaliser une activité.

Les moyens de transport constituent le thème de la page d'ouverture. Invitez les apprenants à regarder les photos avec les légendes. Puis, passez l'enregistrement. Ils relient les bribes de dialogues avec les photos.

2

Les apprenants disent quel(s) moyen(s) de transport ils utilisent. Lisez ensemble l'encadré à droite avec les noms de moyens de transport, puis les exemples donnés. Expliquez qu'on utilise la préposition **à** pour **à pied** et devant les moyens de transport ouverts (**à vélo** / **moto**, etc.) Par contre, on utilise **en** devant les moyens de transports fermés (**en voiture** / **avion** / **bateau** / etc.) (**en** a dans ce cas un sens équivalent à **dans**). Faites cependant remarquer qu'en langage courant, les Français disent très souvent **en vélo**.

Vous pouvez préciser et varier la question et demander par exemple :
- **quel moyen de transport vous utilisez / préférez pour venir au cours de français ?**
- **pour aller travailler ?**
- **pour aller en vacances ?**

Unité 7 59

page 86   **Je cherche…**

3

CD
2 | 3
3 | 25

Les apprenants vont écouter un dialogue, dans lequel un passant explique le chemin pour aller de la place du Cirque au château. Attirez d'abord leur attention sur les expressions dans la marge et lisez-les éventuellement une fois. Soulignez la différence de prononciation entre **à droite** et **tout droit** : deux expressions phonétiquement proches mais de sens différents, et qui prêtent souvent à confusion chez les apprenants. Passez l'enregistrement, vérifiez les réponses en plénum.

4

CD
2 | 3
3 | 25

▶ Ex. 3, 7, 8

Dans cette activité, les apprenants vont découvrir les verbes qui permettent d'indiquer le chemin, en comparant les explications avec le plan. Repérez d'abord ensemble la place du Cirque sur le plan (un rectangle marron foncé, en haut à gauche), qui est le point de départ. Puis, demandez aux apprenants d'écouter encore une fois le dialogue, avec le texte sous les yeux. Ils complètent avec les verbes proposés. Vérifiez ensemble, par une lecture à voix haute.

INFO

Lisez ensemble l'information sur le Château des ducs de Bretagne.

Vous pouvez

Faites remarquer la traduction de **vous pouvez** dans la marge. Indiquez aux apprenants que le verbe **pouvoir** est irrégulier et qu'il sera appris dans l'**Unité 8**. Si les apprenants sont curieux, vous pouvez d'emblée donner la forme **tu peux**, qui est peut-être déjà connue dans des phrases types comme **Tu peux répéter, s'il te plaît ?**

Ordnungszahlen

Pour former les nombres ordinaux, on ajoute **ième** au nombre cardinal. Si le nombre cardinal se termine par un **-e**, alors ce **-e** disparaît (**quatre, quatrième**). L'abréviation se note **-e** ou **-ème**. **Premier / Première** est la seule exception.

 page 87

5

Informez les apprenants qu'ils vont découvrir la conjugaison du verbe **venir**, qui est un verbe irrégulier. Ils cherchent les formes manquantes du verbe et complètent la conjugaison dans la marge. Faites remarquer la forme du passé composé (auxiliaire **être**, participe passé en **-u**) Expliquez que vous reviendrez sur les formes du passé composé avec **être** à la double page suivante. Lorsqu'ils ont complété, vérifiez la conjugaison en plénum. Pour systématiser cette conjugaison, vous pouvez proposer aux apprenants de travailler par deux, et de conjuguer le verbe à l'aide d'un dé (1 = **je**, 2 = **tu** ; etc.). S'ils veulent, ils peuvent former une phrase complète avec la forme conjuguée de **venir**.

6

Pour terminer, les apprenants relisent une dernière fois le dialogue de l'**exercice 4** et tracent le chemin de la place du Cirque au château.

7

👥

▶ Ex. 2

Cette activité permet de réemployer de manière active les expressions découvertes pour indiquer le chemin. Les apprenants travaillent par deux. Un apprenant regarde le plan de la page 87, le second le plan de la page 196. Puis, ils se décrivent mutuellement les chemins pour parvenir aux bâtiments indiqués.

8

CD 2|4

▶ Ex. 9

L'activité fait découvrir des expressions supplémentaires pour demander ou comprendre un chemin. Laissez les apprenants lire les expressions, puis passez l'enregistrement deux ou trois fois. Ils relient les expressions allemandes à leur équivalent français. Vérifiez en plénum.

Attirez l'attention sur l'information dans la marge. À prendre avec humour !

9

👥

Cette activité de transfert incite les apprenants à décrire le chemin à partir de leur environnement réel. Ils travaillent par deux et imaginent qu'ils sont devant l'école de langue ou l'université populaire. (Là où leur cours de français a lieu.) Un des apprenants joue le rôle d'un touriste français qui demande le chemin pour se rendre à la poste, à la gare, ou à un autre endroit de son choix. L'autre explique la route, à l'aide d'une esquisse. L'esquisse aide à formuler la description orale.

LERNTIPP

Attirez l'attention sur le « tuyau » dans la marge.

📖 **page 88**   **C'est à deux pas !**

10

👥

▶ Ex. 1

Petit clin d'œil : on retrouve dans l'e-mail de l'activité nos deux amoureux de l'**Unité 3**, Fabrice et Christine. Fabrice écrit à ses parents pour leur annoncer que lui et son amie ont trouvé un appartement et pour leur proposer de venir chez eux. Demandez aux apprenants de travailler par deux : ils lisent l'e-mail et trouvent dans le texte pourquoi l'appartement est bien. Rassemblez ensuite les résultats en plénum. Puis, lisez une fois ensemble l'e-mail.

NOTEZ

Insistez sur le fait qu'en français, on n'utilise pas de préposition devant les jours de la semaine : **dimanche** = *am sonntag* ; **le dimanche** = *sonntags*. Pour préciser, vous pouvez dire **dimanche dernier** ou **dimanche prochain**.

11

Informez les apprenants qu'il y a de nouvelles formes du passé composé dans le texte. Demandez-leur de les souligner, puis de compléter la règle. Pour les rassurer, vous pouvez leur expliquer que la liste des verbes avec l'auxiliaire **être** est très réduite (moins de 20) dont la liste se trouve en fin de manuel, dans la partie *Grammaire*. La plupart sont des verbes de mouvement mais attention : à la différence de l'allemand, tous les verbes de mouvement ne se conjuguent pas systématiquement avec **être** au passé composé !

	NOTEZ	Faites remarquer la forme irrégulière du participe passé de **être** dans la marge. Soulignez par ailleurs que le verbe **être** forme son passé composé avec **avoir**.
	Les verbes en -ir	Ils forment leur participe passé en **-i**.
	Participes passés irréguliers	Faites remarquer les formes irrégulières du participe passé de **venir** (déjà vu dans la première double page) et **prendre**.
12 ▶ Ex. 5		Dans cet exercice d'application, les apprenants complètent les phrases avec les verbes au passé composé. Recommandez aux apprenants de faire attention à l'accord du participe avec le sujet. Laissez-les réfléchir seuls quelques minutes, puis vérifiez ensemble.
13		Cette activité permet de répéter la forme des verbes au passé composé à l'oral. Un apprenant propose un verbe et un pronom (par exemple : **sortir, elle**), le suivant donne la forme au passé composé (**elle est sortie**). Au bout de quelques minutes, vous pouvez proposer une petite difficulté supplémentaire et demander de faire des phrases complètes (**elle est sortie de la maison à 22 heures**).
	Activité supplémentaire	**Qu'est-ce que vous avez fait le week-end dernier ?** Proposez aux apprenants d'écrire un petit texte sur ce thème (deux ou trois activités suffisent), en y introduisant une information fausse. Chacun lit son texte, le groupe essaie de deviner quelle information est fausse.
	À photocopier Fiche d'activité 7	Pour pratiquer l'emploi du passé composé de manière active et centrée sur le groupe, proposez la Fiche d'activité 7 à la page 118.

 page 89

14 ▶ Ex. 4		Les apprenants cherchent dans le texte les expressions de lieu et les placent sur le dessin à droite. Faites-leur remarquer que certaines des expressions sont suivies de la préposition **de** (et dans ce cas, il faudra faire attention à la contraction de l'article, dans la phrase), d'autres non. Ainsi, une souris se trouve **sur le fromage**, et une autre **à côté du fromage**.
15		L'activité se pratique à deux, ou en cercle, les uns après les autres : les apprenants disent où ils habitent, en utilisant les expressions proposées dans l'encadré. Pour ce faire, demandez à l'avance si toutes les expressions de l'encadré sont bien comprises. Sinon, traduisez-les.
16		L'activité permet de répéter de manière ludique et active les expressions de lieu. Formez deux groupes. Un groupe ferme les yeux pendant que les autres cachent un objet dans la salle (un petit sac, un téléphone portable, un stylo, etc.). Il s'agit

alors pour le premier groupe de poser des questions (auxquelles on ne répondra que par **oui** ou par **non**) pour trouver la cachette.

Variante   Les apprenants travaillent par deux. L'un cache dans la salle de classe de manière fictive un objet imaginaire (par exemple, un ballon rouge). L'autre pose des questions pour essayer de deviner où se trouve l'objet. Passez auprès des groupes pour aider si nécessaire.

17
CD
2 | 5
3 | 26
▸ Ex. 10, 11

Dans le dialogue, Léa et son amie Marie se mettent d'accord sur un rendez-vous pour aller ensemble à la piscine. Donnez aux apprenants le thème du dialogue et demandez-leur de retrouver l'ordre des répliques. Vérifiez les réponses par une lecture à haute voix, avec le groupe.

18
▸ Ex. 6

Les apprenants cherchent dans le dialogue les pronoms toniques et complètent la liste.

NOTEZ   Les pronoms toniques ont déjà partiellement été vus, et ce dès les premières unités. (**Je m'appelle… Et toi ? Et vous ?**) Les pronoms personnels sujets (**je, tu, il, elle, on, nous, vous, ils, elles**) sont toujours suivis d'un verbe. Les pronoms toniques, qu'ils servent à mettre un élément de la phrase en emphase (**Lui, il s'appelle Marc**) ou qu'ils s'utilisent après une préposition (**chez moi / à côté d'eux**) ou après **et / c'est / voilà** s'utilisent sans verbe.

19

Les apprenants relèvent les expressions utiles pour se fixer un rendez-vous. Vérifiez cette première étape de l'activité ensemble. Notez les expressions relevées au tableau. Lisez une fois ensemble les exemples donnés, puis invitez les apprenants à se fixer rendez-vous pour une activité commune.

 page 90   **À propos…**

20

La page traite de la ville de Nantes. Les apprenants se sont déjà promenés dans la ville au cours de l'unité. Ils vont lire un texte donnant plus d'informations pour combler leur curiosité. Commencez par un remue-méninges autour de Nantes : que connaissent les apprenants sur la ville ? Ceux qui y sont déjà allés auront sans doute beaucoup de choses à raconter. Les autres peuvent se contenter de rassembler les informations vues dans l'unité dont ils se rappellent. Laissez-leur ensuite du temps pour lire le texte. En plénum, demandez-leur de comparer : **Quelles informations étaient déjà connues ? Lesquelles sont nouvelles ? Qu'est-ce qui leur semble intéressant ou pas ?** Lisez ensuite encore une fois le texte ensemble et expliquez les parties qui ne sont pas claires pour les apprenants.

Unité 7

21 👥 Les apprenants imaginent qu'ils passent une journée à Nantes. Ils préparent un programme, en fonction de leurs centres d'intérêt. Ils doivent donc pour cela négocier entre eux et se mettre d'accord sur les activités à faire, puis, élaborer le programme. Ils peuvent s'aider du texte de la page **À propos…**, des informations contenues dans l'unité, mais aussi du plan à la page 211. Ensuite, ils présentent leur programme au groupe.

22 ✏️ Les apprenants écrivent une carte postale. Ils imaginent qu'ils ont passé la journée à Nantes et racontent. Ils réemploient pour cela le passé composé. Passez auprès d'eux pour aider et corriger si nécessaire.

🎞️ Vous pouvez visionner la vidéo **Perdu à Paris…** Les exercices pour le cours se trouvent dans l'**Option 2**, page 117. (Voir les explications à la page 82 de ce guide pédagogique.)

À photocopier Des exercices guidés supplémentaires pour la vidéo de l'**Unité 7** sont proposés
Fiche vidéo 7 page 130. Les apprenants peuvent aussi les faire à la maison.

Solutions
1. cinéma Champo / 20 heures / *Les Enfants du paradis* / en retard / commencé / un verre
2. a–3 ; b–1 ; c–4 ; d–2
3. 1. Pierre : Excusez-moi Monsieur, <u>pour aller</u> au cinéma Champo ?
   Le passant : Alors, c'est simple. Vous prenez le boulevard Saint-Germain, là, <u>devant</u>. Vous allez <u>tout droit</u> et vous prenez <u>à gauche</u>, dans la rue Thénard.
   2. Pierre : Pardon Monsieur. Je cherche <u>la rue des Écoles</u>.
   Le passant : Oui ! Vous prenez le boulevard Saint-Germain et vous allez <u>jusqu'au premier carrefour</u>. Là, vous tournez <u>à droite</u> et vous passez <u>devant</u> l'université. Ensuite, vous allez tout droit et vous arrivez <u>sur une petite place</u>.
   Pierre : C'est loin ? Parce que j'ai rendez-vous à 20 heures.
   3. Pierre : Pardon Madame, je cherche la rue des Écoles.
   La passante : La rue des Écoles ? <u>Je ne sais pas</u>. Je suis désolée, je <u>ne suis pas d'ici</u>.

pages 91–93 Exercices

Sur ces trois pages se trouvent des exercices complémentaires classés, dans les catégories suivantes : **Vocabulaire**, **Grammaire**, **Phonétique** et **Compréhension et expression**. Ils correspondent aux activités de l'unité et peuvent être effectués, selon les besoins, en cours ou à la maison.

page 94 Repères

Sur cette page se trouve un résumé des expressions et structures grammaticales les plus importantes.

Vous pouvez faire répéter les expressions les plus importantes avec **Répétez en musique**, pour consolider les acquis à la fin de chaque unité, ou bien les utiliser en tant qu'échauffement pour aborder la prochaine unité.

Unité 8 — Chez nous

objectifs

– parler de la famille et des relations personnelles
– dire l'année
– citer les avantages et les inconvénients
– inviter et réagir à une invitation
– **pouvoir**, **vouloir**, **devoir**
– les adjectifs possessifs
– participes passés irréguliers
– les nombres à partir de 100
– les adjectifs **vieux** et **nouveau**

page 95 — **page d'ouverture**

1 Dans cette unité, les apprenants vont apprendre à parler de la famille. Rassemblez ensemble dans un premier temps le vocabulaire déjà connu sur le thème de la famille. Notez-le au tableau. Les apprenants peuvent regarder les photos pour s'en inspirer, mais ils ne lisent pas encore les textes dans les bulles.

2
CD
2|10
3|28

Julie présente son album de famille. Passez l'enregistrement : les apprenants écoutent et lisent les textes dans les bulles en même temps. Demandez-leur de souligner les membres de la famille. Puis, ils complètent le tableau. Ils réfléchissent seuls ou par deux. Vérifiez en plénum. Vous pouvez rappeler aux apprenants que pour mémoriser le vocabulaire, apprendre les mots par paires peut être efficace.

Activité supplémentaire Pour répéter le vocabulaire de la famille, amenez une balle. L'apprenant A lance la balle à B et dit par exemple **la mère**. B donne alors l'équivalent de sexe opposé (**le père**). Puis, B lance la balle à C en proposant par exemple **l'oncle**. C dit : **la tante**. Etc.

Variante Vous pouvez aussi préparer des étiquettes avec le nom des membres de la famille. Les apprenants travaillent par groupe de deux ou trois. Distribuez un jeu d'étiquettes par groupe. A tire une étiquette sur laquelle il lit par exemple : **la mère**. Il donne alors l'équivalent de sexe opposé (**le père**). S'il réussit, il conserve l'étiquette. Sinon, il la replace sous le paquet. Puis, c'est au tour de B de jouer.

INFO Le mariage entre deux personnes de même sexe (surnommé « mariage pour tous ») est autorisé en France depuis le 17 mai 2013. Depuis 1999, les couples homosexuels ont également la possibilité de signer un pacte civil de solidarité (PACS) mais ce contrat n'offre pas les mêmes garanties juridiques que le mariage civil.

3

Chacun à leur tour, les apprenants présentent leur famille : ils doivent simplement nommer les membres de leur famille (**J'ai une frère, une sœur**, etc.). Si le groupe est curieux, l'activité peut donner l'occasion de pratiquer un peu la conversation orale. Invitez le groupe à poser des questions à celui ou celle qui présente sa famille. (**Tu as un frère ? Comment il s'appelle ? Il habite où ?** Etc.) Toutefois, il est important de faire savoir que pour ceux qui jugent le thème de la famille trop personnel, il y a toujours la possibilité de « mentir » ! L'objectif principal est bien sûr de parler !

 page 96   **La vie de famille**

4

CD
2 | 11
3 | 29

Les apprenants vont entendre le témoignage de Carole, qui décrit sa famille. Un journaliste l'interviewe. Lors de la première écoute, les apprenants doivent simplement relever quels membres de la famille Carole cite. Cette écoute ciblée permet de délester la compréhension du dialogue, et de répéter le vocabulaire récemment découvert. Vérifiez les réponses en plénum.

5

CD
2 | 11
3 | 29

L'adjectif nouveau

Lisez avec les apprenants les items proposés et assurez-vous qu'ils sont compris.

Attirez l'attention sur l'adjectif **nouveau** (qui apparaît dans la phrase 7) et ses formes particulières au féminin et au masculin devant un nom commençant par une voyelle.

Puis, passez l'enregistrement. Les apprenants cochent **vrai**, **faux** ou **on ne sait pas**. Vérifiez en plénum.

6

▶ Ex. 1a, 1b, 2

Proposez-leur ensuite de lire le dialogue (éventuellement en passant l'enregistrement une troisième fois en même temps). Laissez-leur du temps pour le lire une fois seuls et chercher les expressions contraires à celles données sous la retranscription. Vérifiez les résultats en plénum, puis procédez à une lecture avec le groupe, à haute voix. Enfin, répondez aux dernières questions éventuelles des apprenants au sujet du texte.

INFO

Lisez ensemble l'information dans la marge sur la famille en France. Invitez les apprenants à réagir en langue maternelle. Sont-ils surpris ? La situation dans leur pays est-elle différente ? Les chiffres viennent de l'INSEE : Institut national de la statistique et des études économiques.

Les nombres à partir de 100

Regardez ensemble les informations concernant la formation des nombres avec 100 et 1 000. Attention : on écrit **deux cents** (avec un **-s**) mais **deux cent un**, **deux cent vingt**, etc. Néanmoins **mille** est toujours invariable. On écrit par exemple **trois mille** ou **cinq mille** et aussi **trois mille un**, **cinq mille cinq cents**, etc.

Unité 8

Activités supplémentaires	Pour systématiser les nombres à partir de 100, vous pouvez proposer les activités suivantes : – Notez le début de phrase : **Je suis né(e) en**… Les participants disent, à tour de rôle, en quelle année ils sont nés. Mentir, bien sûr, est toujours autorisé ! – Un jeu un peu plus mathématique : chacun dit son âge. Les autres trouvent l'année de naissance. – Donnez des événements nationaux ou mondiaux célèbres. Les apprenants donnent l'année au cours de laquelle ils ont eu lieu. (Exemples : la chute du mur de Berlin, les premiers pas sur la Lune, l'attentat du World Trade Center, la Révolution française, le vote des femmes en Allemagne, la victoire de l'Allemagne à la coupe du monde de football…)
NOTEZ	Le mot *Geschwister* n'a pas vraiment d'équivalent en français. On utilise l'expression **des frères et sœurs**.

page 97

7	Expliquez aux apprenants qu'ils vont découvrir la conjugaison du verbe **pouvoir** (en allemand, *können* ou *dürfen*) qui est irrégulier. Laissez-leur quelques minutes pour chercher les formes du verbe dans le dialogue, et pour compléter le verbe dans la marge. Vérifiez en plénum en lisant et en faisant répéter une fois le verbe pour faire remarquer la prononciation.
8	Laissez quelques minutes aux apprenants pour compléter (seuls ou par deux) les phrases avec les formes adéquates du verbe **pouvoir**. Vérifiez en plénum.
9 Ex. 4	Informez les apprenants qu'ils vont maintenant découvrir les formes de l'adjectif possessif en français. Ils recherchent dans le dialogue de l'**exercice 6** les formes manquantes pour compléter le tableau. Vérifiez en plénum.
NOTEZ	Faites remarquer qu'on utilise les formes **mon**, **ton** et **son** devant un mot féminin commençant par une voyelle. Vous pouvez aussi rappeler à cette occasion, que devant un nom commençant par une voyelle, on fait la liaison entre **nos**, **vos**, **leurs** et ce nom.
NOTEZ	Lisez ensemble l'information concernant les adjectifs possessifs **son**, **sa**, **ses**. Ces adjectifs se rapportent aussi bien à un propriétaire féminin que masculin. Petit clin d'œil : vous pouvez faire remarquer que cette règle explique que beaucoup de Français fassent l'erreur quand ils parlent allemand et utilisent souvent *sein* à la place de *ihr* !

10		Formez des petits groupes et demandez aux apprenants de dessiner (de manière rapide et schématique) leur arbre généalogique. Puis, ils montrent leur dessin aux autres qui leur posent alors des questions, selon l'exemple. Passez auprès des groupes pour aider si nécessaire.
▶ Ex. 9		

11
▶ Ex. 12

En petits groupes, les apprenants imaginent les personnes ou familles qui habitent dans les maisons sur les photos. Passez auprès des groupes pour aider si nécessaire.

Variante — Chaque groupe choisit une maison et écrit un texte dans lequel il décrit la famille qui y habite, selon son imagination. Puis, il lit son texte aux autres qui devinent de quelle maison il s'agit et expliquent quels indices les ont aidés à deviner.

page 98

12 — Marie et Nicolas ont écrit un mail pour inviter des amis dans leur nouvelle maison. Ils reçoivent deux réponses, l'une sous forme de SMS, l'autre de mail. Lisez ensemble l'invitation.

NOTEZ — Attirez l'attention sur le pluriel de **travail** (règle d'ailleurs générale pour les mots en **-ail**), dans la marge.

Puis, demandez aux apprenants de lire les deux réponses et de dire qui accepte, et qui refuse. (Une lecture globale suffit pour l'instant.) Vérifiez en plénum.

13
CD 2|12

Une troisième personne a répondu en laissant un message sur le téléphone. Passez l'enregistrement et demandez aux apprenants de dire si la personne accepte ou refuse. Demandez de repérer les phrases que la personne utilise pour donner sa réponse. (**Ce n'est pas encore sûr. / Je peux confirmer plus tard ?**) Pour cela, repassez plusieurs fois l'enregistrement si nécessaire.

Je peux confirmer plus tard ? — Attirez l'attention sur l'information dans la marge.

14
▶ Ex. 11

Revenez aux documents écrits : proposez aux apprenants de travailler seuls ou par deux : ils cherchent dans les textes les expressions utiles pour inviter quelqu'un, ou pour accepter ou refuser une invitation. Rassemblez les résultats en plénum. Notez-les au tableau et demandez aux apprenants s'ils connaissent d'autres expressions. Dans ce cas, ajoutez-les à la liste.

15
▶ Ex. 5

Avant de passer à l'activité de réemploi des expressions (**exercice 17**), les apprenants vont d'abord systématiser les verbes **vouloir** et **devoir** (dont ils auront aussi besoin dans l'activité de réemploi.) Demandez et / ou donnez les traductions des verbes en allemand (**vouloir** = *wollen*, **devoir** = *sollen, müssen*).

Unité 8

Laissez ensuite quelques minutes aux apprenants pour chercher les formes des verbes dans les textes et compléter les conjugaisons dans la marge. Vérifiez ensemble. Faites éventuellement répéter plusieurs fois les formes verbales si la prononciation pose problème.

16   Lisez ensemble la question et invitez les volontaires à répondre à la question. Cette question peut éventuellement ouvrir sur une (rapide) discussion, en langue maternelle. Est-il impoli de refuser par SMS ? ou en laissant un message sur répondeur ? Existe-t-il des différences culturelles ?

17   Cette activité ludique et interactive permet de réemployer les expressions relevées lors de l'**exercice 14**, ainsi que les verbes de modalités **pouvoir, devoir, vouloir** (dont on a souvent besoin pour inviter ou pour accepter / refuser une invitation). Les apprenants rédigent une invitation. Ils indiquent par exemple **où, quand, quoi (un dîner ? un buffet ? un brunch ? une fête dansante ?)** et **pourquoi (un anniversaire ? la fin des examens ?)**. Précisez-leur qu'ils doivent écrire sur une feuille volante. Passez auprès de chacun pour apporter une aide individuelle. Corrigez rapidement les invitations au fur et à mesure qu'elles sont écrites. Puis, ramassez-les et redistribuez-les au hasard. Veillez à ce que personne ne reçoive sa propre invitation. Chacun lit le message reçu et rédige une réponse. Là encore, passez auprès de chacun pour, éventuellement, aider ou répondre aux questions. Quand les réponses sont écrites, jouez au facteur et remettez-les à qui de droit.

 page 99

18
CD
2|13
3|30

▶ Ex. 3, 7, 8, 10

Suite à l'invitation, Marie et Nicolas font visiter la maison. Annoncez la situation aux apprenants. Invitez-les à regarder les plans de la maison dans la marge. (Le plan du haut correspond au rez-de-chaussée, celui du bas au premier étage.) Puis, passez l'enregistrement. Ils écoutent et lisent le dialogue en même temps. Puis, ils repèrent le nom des pièces sur le plan. Comme ils connaissent les expressions **à gauche** et **à droite**, ils en déduisent où sont situées les pièces et donc, à l'aide du dessin, ce que signifient les mots entrée, escaliers, cuisine, etc. Pour vérifiez les réponses, faites rapidement une esquisse des plans au tableau et demandez aux apprenants : **C'est quelle pièce ici ? Et là ?**

LERNTIPP   Lisez ensemble le « tuyau ». S'ils le souhaitent, les apprenants peuvent essayer une fois d'écrire le nom de quelques pièces de l'autre main (la gauche, s'ils sont droitiers, et vice versa). Puis, ils cachent le papier et répètent le nom des pièces qu'ils viennent d'écrire. Ils échangent ensuite leurs impressions et disent s'ils ont l'impression de bien mémoriser le vocabulaire avec cette méthode.

70 Unité 8

	L'adjectif vieux	À l'instar de **nouveau**, vu sur la première double page, **vieux** a trois formes (masculin devant une consonne, masculin devant une voyelle, et féminin).
	NOTEZ	Faites remarquer l'intonation de l'expression **Oh là là**, dans le dialogue. Puis, lisez ensemble l'information sur l'intonation en français. Vous pouvez faire remarquer, de manière amusante, que l'on peut élargir (presque!) à volonté le **Oh là là là là là**, en appuyant toujours sur la dernière syllabe. (En exagérant: **oh là là là làààààà!**)
19		Les apprenants pratiquent une activité pour répéter le nom des pièces. Ils révisent en même temps les expressions de lieu. (S'ils les ont partiellement oubliées, vous pouvez leur suggérer de jeter un coup d'œil à la page 89 pour se les remémorer.) Faites toutefois remarquer **au fond (de)**, qui est nouveau. Pour travailler à partir d'un support visuel et faciliter la tâche, chacun dessine un plan de son appartement ou de sa maison. (Comme d'habitude, si certains jugent ces informations trop privées, ils peuvent affabuler!) Puis, par deux, ils s'interrogent pour connaître le logement de l'autre. Passez auprès des tandems pour aider si nécessaire.
	À photocopier Fiche d'activité 8	Pour faire répéter le nom des pièces et la description de la maison, vous pouvez utiliser la Fiche d'activité 8 à la page 119.
20 ▸ Ex. 6		Les apprenants revoient ou découvrent de nouveaux participes passés irréguliers. Ils cherchent les formes dans le dialogue et les retranscrivent sous la consigne, en face de l'infinitif correspondant.
	RAPPEL	Lisez le rappel dans la marge.
	Activité supplémentaire	Demandez aux apprenants de composer un petit texte, seuls ou à deux, dans lequel apparaissent le plus possible de ces participes passés, en un temps limité (dix minutes maximum). Puis, lisez ensemble les textes.
21		Laissez quelques minutes aux apprenants, seuls ou par deux, pour trouver et souligner dans le dialogue les expressions positives et négatives pour parler d'un appartement. Vérifiez ensemble, à l'oral.
22		Cet **exercice** donne l'occasion de réemployer ces expressions. Ils choisissent une des photos de l'**exercice 11**, à la page 97, et imaginent qu'ils en sont le propriétaire. Ils donnent les avantages et les inconvénients de cette maison, selon leur imagination (et guidés par ce que la photo suggère). Lisez ensemble les amorces. Les apprenants travaillent seuls ou en petits groupes. Lisez ensuite les productions et comparez ce que tous ont imaginé pour les différentes maisons.

INFO	Lisez ensemble l'information dans la marge. Si les apprenants sont intéressés, invitez-les à discuter brièvement, en langue maternelle, de la situation immobilière en comparant la situation de la France à celle de leur pays.

page 100 À propos…

23	Lisez ensemble la consigne et les questions. Puis, lisez et expliquez le texte. Invitez le groupe à répondre aux questions.
24	Demandez aux apprenants de lire le titre du texte. Indiquez-leur qu'ils vont s'amuser à répondre aux questions de ce test, mais avant cela, ils lisent les résultats possibles et disent quel profil, selon eux, leur correspond le mieux.
25	Lisez ensemble (et expliquez si nécessaire) les questions du test. Chacun coche pour soi les réponses qui lui conviennent (une seule réponse par question), puis se reporte à la page 210 pour comptabiliser ses points. Invitez les apprenants à réagir : les résultats correspondent-ils à ce qu'ils avaient envisagé lors de l'*exercice 24* ? À prendre avec humour, bien sûr : le test n'est absolument pas sérieux !
	Vous pouvez visionner la vidéo **Visite d'un appartement**. Les exercices pour le cours se trouvent dans l'**Option 3**, page 118. (Voir les explications à la page 82 de ce guide pédagogique.)
À photocopier **Fiche vidéo 8**	Des exercices guidés supplémentaires pour la vidéo de l'**Unité 8** sont proposés page 131. Les apprenants peuvent aussi les faire à la maison.
Solutions	1. 1. cuisine ; 2. toilettes ; 3. salon ; 4. balcon ; 5. salle de bains ; 6. chambre ; 7. bureau 2. 1–d ; 2–b, a ; 3–c ; 4–e ; 5–b 3. 1. faux (70293) ; 2. faux (6ᵉ étage) ; 3. vrai ; 4. vrai ; 5. faux (les invités peuvent dormir sur le canapé ; 6. faux (le coin bureau est pratique.) ; 7. faux (il voudrait réfléchir) ; 8. vrai

pages 101–103 Exercices

Sur ces trois pages se trouvent des exercices complémentaires classés, dans les catégories suivantes : **Vocabulaire, Grammaire, Phonétique** et **Compréhension et expression**. Ils correspondent aux activités de l'unité et peuvent être effectués, selon les besoins, en cours ou à la maison.

page 104 **Repères**

Sur cette page se trouve un résumé des expressions et structures grammaticales les plus importantes.

 2|18

Vous pouvez faire répéter les expressions les plus importantes avec **Répétez en musique**, pour consolider les acquis à la fin de chaque unité, ou bien les utiliser en tant qu'échauffement pour aborder la prochaine unité.

Unité 9 — Weekend en Bourgogne

objectifs

– réserver une chambre
– se renseigner
– faire / réagir à des propositions
– la question avec inversion
– les verbes en **-ir** (de type **partir** et de type **finir**)
– les pronoms complément d'objet indirect
– le verbe **connaître**

 page 105 — **page d'ouverture**

1 Cette unité nous entraîne dans un voyage en Bourgogne, au cours duquel les apprenants vont apprendre à réserver une chambre à l'hôtel et à se renseigner sur une ville et ses attractions touristiques à l'office de tourisme. Trois brochures d'hôtel sont présentées. (La façade à colombage, le style néogothique du château ou le toit multicolore en tuiles vernissées sont typiques de la région bourguignonne.) Les logos dessinés permettent de comprendre rapidement le lexique. Invitez les apprenants à observer les brochures et à lire le vocabulaire en bas de la page à droite. Puis, demandez-leur quelles informations ils trouvent personnellement indispensables ? Intéressantes ? Inutiles ?

2 Demandez ensuite aux apprenants de formuler les questions pour avoir d'autres informations qu'ils voudraient obtenir dans un hôtel. Notez-les au tableau.

3 Enfin, demandez aux apprenants de dire quel hôtel ils préféreraient ou choisiraient, s'ils allaient passer un week-end en Bourgogne.

INFO La Bourgogne, c'est une région du centre-est de la France dont Dijon, capitale des ducs de Bourgogne au Moyen Âge, est le chef-lieu. La région est riche de son patrimoine historique et architectural (châteaux, églises gothiques, etc.). Aujourd'hui, elle est aussi célèbre pour sa viticulture (on y produit notamment du pinot noir et du chardonnay) et sa gastronomie (le fameux bœuf bourguignon, entre autres !). Tous ces facteurs, ainsi que les espaces verts, ont permis au tourisme de s'y développer.

 page 106 — **À l'hôtel**

4
CD
2|19
3|33

Présentez la situation aux apprenants : Aude et Olivier prévoient de passer un week-end en Bourgogne. Lisez ensemble les questions. Puis, passez l'enregistrement. Les apprenants répondent aux questions. Si vous le souhaitez, passez une seconde fois l'enregistrement et demandez-leur de repérer quel jour Aude et Olivier veulent partir (**le premier avril**).

INFO — Lisez ensemble l'information sur le premier avril.

5
CD 2|20
▶ Ex.1

Demandez aux apprenants de retrouver l'ordre des mois de l'année. Ceux-ci sont suffisamment transparents pour que la consigne soit réalisable. Faites vérifier ensuite les résultats avec le CD.

Activités supplémentaires
- Faites répéter les mois en cercle, chacun donnant le nom d'un mois.
- Notez les noms des mois au tableau. Demandez aux apprenants de répéter le nom des mois, puis effacez-en un ou deux. Ils répètent encore, puis vous effacez à nouveau un ou deux mois. Et ainsi de suite, jusqu'à ce tous les mois soient effacés, et que les apprenants soient malgré cela à même de les répéter.
- Notez le nom des mois sur des étiquettes et distribuez-les dans la classe. Les apprenants se déplacent et se rangent en ligne, dans l'ordre des mois inscrits sur leurs étiquettes.

La date — Lisez ensemble l'information concernant la manière de dire la date. Attention : on dit **le premier avril** mais **le vingt et un avril**.

6

Lisez et répondez ensemble aux questions. Cherchez des exemples dans l'**exercice 4**. Précisez aux apprenants qu'il est plus important pour eux de comprendre la question avec inversion que de savoir l'utiliser, car elle est surtout réservée à l'écrit, dans le langage formel. Faites remarquer que la question avec inversion ne fonctionne qu'avec les pronoms personnels comme sujets.

NOTEZ — Attirez l'attention sur l'information dans la marge.

7
▶ Ex. 9a, 9b, 10

Les apprenants réfléchissent seuls pour remplir le mail et écrire les questions d'Aude. Vérifiez ensuite en plénum.

Mots en -x — Lisez l'information sur le pluriel de **prix** (et des mots en **-x** en général). Faites éventuellement remarquer que les mots en **-s** sont eux aussi invariables au pluriel.

page 107

8
CD 2|21
3|34

Présentez la situation aux apprenants : Aude et Olivier ont donc réservé leur hôtel. Ils se trouvent maintenant à la réception de celui-ci, le jour de leur arrivée en Bourgogne. Passez l'enregistrement une fois : les apprenants notent les expressions se rapportant au thème de l'hôtel. Cette activité est avant tout une activité de délestage. Rassemblez les résultats en plénum et notez-les au tableau.

Unité 9

9 CD 2|21 3|34		Lisez ensemble les questions. Puis, passez l'enregistrement une seconde fois. Les apprenants répondent aux questions.
	INFO	Lisez ensemble l'information dans la marge. Vous pouvez inviter les apprenants à réagir en français ou en allemand : ont-il déjà pris le petit-déjeuner dans une famille française ou dans un hôtel en France ? Quelle(s) expérience(s) ont-ils faite(s) ?
10 ▶ Ex. 2, 8		Les apprenants lisent le dialogue. (Vous pouvez passer l'enregistrement en même temps, s'ils le souhaitent.) Expliquez le vocabulaire, si certains points ne sont pas encore clairs. Demandez quelles questions du dialogue les apprenants trouveraient utiles s'ils étaient clients de l'hôtel. Puis, proposez-leur de lire le dialogue par deux, à voix haute.
	NOTEZ	Faites remarquer la prononciation de **ch** et **j** en français.
11		À l'aide du dialogue, les apprenants complètent la conjugaison du verbe **servir** dans la marge. Lisez une fois la conjugaison pour faire entendre la prononciation. Faites remarquer les terminaisons (**-s, -s, -t, -ons, -ez, -ent**), et le fait que la dernière lettre du radical disparaisse pour les trois premières personnes du singulier.
12 ▶ Ex. 4		Informez les apprenants que le verbe **partir** se conjugue sur le même modèle que **servir**. Les apprenants complètent les phrases avec ces deux verbes. Vérifiez ensemble.
13		Cette activité permet de faire réemployer de manière active les structures langagières qui viennent d'être apprises. Les apprenants travaillent par deux. A va à la page 194 et B à la page 197. L'un prend le rôle du client qui se renseigne, l'autre de l'employé de l'hôtel qui répond. Ils jouent la scène. Puis, ils échangent les rôles. Passez auprès des tandems pour aider si nécessaire.

 page 108   **À l'office de tourisme**

14	Présentez la situation aux élèves : Aude et Olivier sont à l'office de tourisme de Dijon et regardent une brochure sur les activités et loisirs en Bourgogne. Lisez ensemble les phrases sous la brochure. Laissez aux apprenants plusieurs minutes pour lire la brochure seuls et cocher **vrai** ou **faux**. Vérifiez les réponses en plénum. Puis, lisez ensemble la brochure et expliquez les points qui ne seraient pas clairs.

15 CD 2|22 3|35		Aude et Olivier parlent avec l'employée de l'office de tourisme des activités qu'ils vont faire. Passez l'enregistrement. Dans cette première activité de compréhension globale, ils disent pour quelle(s) activité(s) de la brochure ils se décident. Vérifiez en plénum.
16 CD 2|22 3|35 ▶ Ex. 3a, 3b, 11		Passez une fois encore l'enregistrement. Les apprenants écoutent et lisent en même temps. Ils complètent ensuite les dialogues à la page suivante. Vérifiez ensemble, puis proposez de lire le texte par trois, à voix haute.
	Le verbe connaître	Attirez l'attention sur la conjugaison irrégulière de **connaître**, dont plusieurs formes sont contenues dans le dialogue. Vous pouvez lire et faire répéter une fois le verbe pour la prononciation.
	NOTEZ	On ne fait pas la liaison avec le mot **Halles**. En effet, il s'agit d'un h fort. Il n'y a pas de règle concernant les mots débutant par un **h**. Certains sont forts (**les Halles, les haricots, les haies**, etc.), d'autres (la majorité) muets (**les habitants, les hélicoptères**, etc.)

 page 109

	LERNTIPP	Attirez l'attention sur le «tuyau» dans la marge. Apprendre le vocabulaire dans des phrases, regroupés dans des actes de paroles, est plus effectif que d'apprendre des mots isolés. Le système des cartes, facile à mettre dans une poche ou un sac, permet de les avoir toujours sous la main (dans le bus, dans la salle d'attente du dentiste, etc.) pour les répéter à tout moment de la journée.
17		L'activité permet de réemployer les expressions rassemblées dans l'**exercice 16**. Les apprenants travaillent en petits groupes (trois personnes, par exemple). L'un(e) propose une activité pour le week-end, les autres réagissent. Autre idée pour faire travailler tout le groupe : les apprenants cherchent une activité commune à faire avec les participants du cours de français. L'un(e) propose, les autres réagissent.
18		Demandez aux apprenants de relever les formes du verbe **finir** dans le dialogue (**exercice 16**) et de compléter la conjugaison dans la marge. Ensuite, les apprenants comparent avec les formes d'un autre verbe en **-ir**, **servir**, qu'ils ont vu à la page précédente, puis ils relient pour retrouver la règle de conjugaison des verbes en **-ir**. Vérifiez en plénum.
19 ▶ Ex. 5		L'activité permet de systématiser la conjugaison des verbes en **-ir** des deux différents types. Choisissez un des verbes donnés. L'apprenant A donne un

Unité 9

pronom et lance la balle. Par exemple, **tu**, avec le verbe **choisir**. B dit : **tu choisis**. Puis, il lance la balle à C en disant, **vous**. C dit : **vous choisissez**. Etc. Ensuite, on change de verbe. Comme activité préliminaire, vous pouvez d'abord former quatre groupes et demander à chacun de conjuguer, respectivement, les verbes **partir**, **dormir**, **choisir**, **grandir**, sur les modèles de **servir** et **finir**. Une fois cet exercice de conjugaison classique réalisé, ils seront mieux préparés pour donner les formes verbales de manière aléatoire.

Variante — Préparez des étiquettes sur lesquelles vous notez les verbes. Les apprenants travaillent en petits groupes (deux ou trois personnes). Ils lancent un dé. Le dé donne le pronom (1 = **je**, 2 = **tu**, 3 = **il / elle / on**, etc.). Puis, ils tirent une étiquette. Ils conjuguent le verbe avec le pronom. Éventuellement, ils forment une phrase complète.

20 — Les pronoms compléments d'objets directs apparaissent dans le dialogue. Les apprenants vont les repérer, puis en systématiser l'emploi. Ils recherchent dans le dialogue les phrases données et disent dans chaque cas, ce que remplace **le**, **la**, **les** et **l'**. Demandez-leur de dire eux-mêmes quels pronoms sont singuliers masculins et féminins, et lequel est pluriel.

Die direkten Objektpronomen — Faites ensuite lire les exemples dans la marge.

21
▶ Ex. 6, 7

Les apprenants relient une phrase et le nom auquel se réfère le pronom complément d'objet direct contenu dans la phrase. Vérifiez en plénum.

22

La dernière activité permet à la fois de revoir le passé composé et de l'employer de manière active et authentique, tout en réemployant les structures acquises dans l'unité.

RAPPEL — Attirez l'attention sur le **Rappel** dans la marge.

Laissez ensuite les apprenants parler en petits groupes. Passez auprès d'eux pour aider si nécessaire.

page 110 — À propos…

23 — La page **À propos…** présente des hébergements insolites, authentiques, dans lesquels il est possible de passer ses vacances en France. Avant de lire les textes, proposez aux apprenants de lire le titre et de regarder les photos. À partir de là, ils disent quels types d'hébergements sont proposés. Donnez-leur le vocabulaire dont ils ont besoin. Cette première activité permet de favoriser la compréhension des textes à venir et d'éveiller la curiosité.

24	Lisez ensemble les questions. Puis, laissez du temps aux apprenants pour lire les textes et répondre. Vérifiez ensemble. Puis, lisez les textes ensemble et expliquez les points qui ne seraient pas encore clairs.
INFOS	Le canal du midi, construit au XVIIe siècle sur une longueur de 241 kilomètres, relie la Garonne (et par ce biais, l'océan Atlantique) à la Méditerranée. Aujourd'hui, il sert surtout aux activités de tourisme et de loisirs, avec de nombreux bateaux-promenades. Le long des berges, il est possible de faire de la randonnée ou du vélo. Pendant les saisons sèches, le canal sert aussi de réservoir d'eau pour l'agriculture. Il est inscrit sur la liste du patrimoine mondial de l'UNESCO depuis 1996. L'île de Louët se trouve dans le Finistère, en baie de Morlaix et elle est quasiment inhabitée : on y trouve seulement le phare (automatisé), la maison du gardien et deux dépendances.
25	Invitez les apprenants à dire quel hébergement ils préfèrent pour leurs vacances (parmi les quatre proposés, mais aussi, si aucun ne leur convient, de manière plus générale.) Ils justifient leur réponse.
26	Demandez au groupe si quelqu'un veut raconter son expérience dans un logement insolite ou particulier.
À photocopier Fiche d'activité 9	Pour faire produire un texte ou une histoire en reprenant les acquis de l'unité, sur le thème de l'hôtel et du voyage, vous pouvez utiliser la **Fiche d'activité 9** à la page 120.
	Vous pouvez visionner la vidéo **En direct de Dijon**. Les exercices pour le cours se trouvent dans l'**Option 3**, page 119. (Voir les explications à la page 83 de ce guide pédagogique.)
À photocopier Fiche vidéo 9	Des exercices guidés supplémentaires pour la vidéo de l'**Unité 9** sont proposés page 132. Les apprenants peuvent aussi les faire à la maison.

Solutions	1. 1. Salut Pierre, c'est Camille.
	   2. Salut. Dis, j'organise un pique-nique, dimanche.
	   3. Tu veux venir ? J'ai invité Claude et d'autres amis.
	   4. Tu apportes une salade ou une boisson ?
	   5. Oh, désolée. Alors, bon travail et à dimanche.
	2. 1. bon ; 2. continental ; 3. simplement déjeuner
	3. 1. pas très moderne ; 2. l'ascenseur est en panne, il n'y pas le câble dans les chambres, le Wifi fonctionne mal ; 3. le minibar n'est pas mal ; les chambres sont propres et calmes ; il y a la climatisation.
	4. b

pages 111–113 Exercices

Sur ces trois pages se trouvent des exercices complémentaires, classés dans les catégories suivantes : **Vocabulaire, Grammaire, Phonétique et Compréhension et expression**. Ils correspondent aux activités de l'unité et peuvent être effectués, selon les besoins, en cours ou à la maison.

 page 114   Repères

Sur cette page se trouve un résumé des expressions et structures grammaticales les plus importantes.

2|26

Vous pouvez faire répéter les expressions les plus importantes avec **Répétez en musique**, pour consolider les acquis à la fin de chaque unité, ou bien les utiliser en tant qu'échauffement pour aborder la prochaine unité.

Option 3

📖 page 115 — Pour la profession

1 La page **Pour la profession** est axée autour de la description d'un hôtel qui peut accueillir des particuliers, tout comme des groupes de professionnels. Proposez aux apprenants de rechercher dans la description de l'hôtel les informations concernant les affaires, le sport et le bien-être, et de les classer dans le tableau. Laissez-les travailler seuls. Puis, vérifiez et lisez le texte ensemble.

2 Présentez la situation : les apprenants prennent le rôle d'un(e) employé(e) d'entreprise qui doit réserver chambres et salle de conférence pour une réunion avec des partenaires à Strasbourg. Invitez-les à rédiger le mail pour l'hôtel, à l'aide des notes sur le papier. Rassemblez les différentes versions en plénum.

3 À deux. Les apprenants jouent la conversation téléphonique entre l'hôtel, suite à la réception du mail, et l'employé(e) de l'entreprise. Passez auprès des groupes pour aider si nécessaire.

Variante À la place des **exercices 2** et **3** : les apprenants se mettent dans la peau du personnage de l'employé(e) qui veut réserver chambres et salle de conférence (à l'aide des notes sur le papier, à droite). Ils s'apprêtent à appeler l'hôtel pour procéder à une réservation par téléphone, et préparent des questions. Puis, deux par deux, ils jouent la conversation téléphonique. (Ils échangent les rôles.)

📖 page 116 — Français et francophones

4 La page permet d'apprendre à comprendre des informations sur des modes d'hébergements authentiques de vacances en pays francophones. Commencez par lire ensemble la consigne et les différents cas de figure proposés. Laissez ensuite du temps aux apprenants pour trouver les réponses. Ils doivent pour cela lire les textes, mais il s'agit d'une lecture ciblée qui ne nécessite pas de compréhension détaillée des phrases. Cet exercice est un exercice type d'examen (par exemple examen TELC) et permet donc de s'y préparer. Vérifiez les résultats. Puis, lisez et expliquez ensemble les textes.

5 En cercle : demandez à chacun(e) de dire quel hébergement il / elle préfère et pourquoi.

6a Proposez aux apprenants de rédiger une annonce s'adressant à un public français (donc rédigée en français !) pour un hébergement dans une région germanophone. Ils peuvent travailler seuls ou en petits groupes. Passez auprès d'eux pour aider si nécessaire.

6 b	Ensuite, chacun lit sa production. Les autres disent quels sont les avantages et les inconvénients des hébergements décrits.
Activité supplémentaire	Par deux : les apprenants choisissent un des hébergements parmi ceux qui ont été décrits dans l'**exercice 6**. Ils jouent la scène de la réservation par téléphone.

 page 117   **Vidéo unité 7   Perdu à Paris…**

1	Les apprenants observent les trois photos et disent ce qui se passe sur chaque photo.
2	Lisez ensemble les items. Puis, passez l'ensemble de la vidéo sans le son. Les apprenants cochent les bonnes réponses. Vérifiez ensemble.
3	Les apprenants observent les photos et relient chaque passant à un ou des adjectif(s). Ils imaginent une phrase que pourrait dire chacun des passants. Rassemblez les différentes idées en plénum.
4	Passez maintenant la vidéo avec le son. Les apprenants comparent avec leurs réponses à l'activité précédente. Vous pouvez éventuellement demander aux apprenants de relever pour chaque passant une phrase-clé.
5	Faites observer Camille. Donnez l'information suivante : **Il est trop tard pour le film : il a déjà commencé.** Les apprenants imaginent ce qu'elle pourrait penser. Rassemblez les idées en plénum.
6	Les apprenants travaillent en groupe de deux. Ils imaginent une nouvelle fin pour la scène entre Camille et Pierre, quand Pierre arrive devant le cinéma. Passez auprès des groupes pour aider, puis, invitez-les à mettre en scène leur production.
Activité supplémentaire	En petits groupes, les apprenants trouvent un nouveau titre pour la vidéo.

 **page 118**   **Vidéo unité 8   Visite d'un appartement**

1	Invitez les apprenants à regarder trois photos tirées de la séquence. Ils cochent la situation correspondante et justifient leur choix.

2	Passez la vidéo sans le son jusqu'à la minute 0:45. Invitez les apprenants à vérifier leurs réponses à l'**exercice** 1, et à imaginer le dialogue entre les deux personnages. Écoutez avec la classe les différentes propositions.
3	Passez la suite de la vidéo jusqu'à la minute 1:33. Les apprenants notent le nom des trois pièces qu'ils voient. Vérifiez ensemble.
Variante	À la place des **exercice** 2 et 3 : passez l'ensemble de la vidéo sans le son. Faites vérifier les hypothèses faites dans l'**exercice** 1, et demandez de noter toutes les pièces de l'appartement. Vérifiez ensemble.
4	Passez l'ensemble de la vidéo, cette fois avec le son. Les apprenants disent comment réagit Pierre pour chaque pièce. Un mot suffit à chaque fois.
5	Divisez la classe en deux, et repassez la vidéo avec le son. Le premier groupe se concentre sur les commentaires négatifs (de Pierre ou de Madame Martin) concernant l'appartement, le second groupe sur les commentaires positifs. Rassemblez les résultats en plénum.
6	Demandez finalement aux apprenants de dire si Pierre prend l'appartement ou non.
7	1. Les apprenants disent ce qui est, à leur avis, typiquement parisien sur la photo qui leur est proposée (la vue de la terrasse de l'appartement). Vous pouvez élargir la question à l'ensemble de la vidéo, éventuellement en la repassant une fois. (Par exemple, le code à l'entrée de l'immeuble, la taille de l'appartement, etc.) 2. Puis, à tour de rôle, les apprenants disent comment ils trouvent l'appartement et s'ils le prendraient pour un séjour à Paris. Ils justifient leur réponse.

page 119 — Vidéo unité 9 En direct de Dijon

1	Introduisez la situation : Pierre est en Bourgogne et interroge des touristes sur les hôtels de la région. Les apprenants imaginent quelques questions. Rassemblez les idées en plénum.
2	Passez ensuite la vidéo sans le son jusqu'à la minute 0:44. Les apprenants notent tout ce qu'ils reconnaissent de la Bourgogne.

3	Lisez ensemble les questions auxquelles les apprenants vont devoir répondre. Puis, passez la vidéo sans le son. Les apprenants répondent, seuls ou par deux. Rassemblez les résultats en plénum.
4	Passez maintenant la vidéo avec le son. Les apprenants disent qui appelle Pierre sur son portable et pourquoi. (Vous pouvez couper la vidéo à la minute 1:14 pour leur laisser le temps de répondre.)
5	Après avoir visionné la suite de la vidéo avec le son (de la minute 1:14 jusqu'à la fin) les apprenants disent si les clients sont satisfaits et citent les aspects positifs et les aspects négatifs relevés par ces derniers au sujet des hôtels bourguignons.
Variante	Divisez la classe en trois groupes : chaque groupe se concentre sur ce que dit un des clients.
6	Lisez ensemble les questions. Repassez la vidéo avec le son pour que les apprenants puissent répondre. Vérifiez les réponses ensemble.
7	Les apprenants jouent la scène. L'un prend le rôle de Pierre, l'autre celui d'un quatrième client. Ils échangent ensuite les rôles. Passez auprès des tandems pour aider si nécessaire.
Activité supplémentaire	Proposez une discussion autour de ces questions : – **Et vous ? Avez-vous envie de visiter la Bourgogne ? Qu'est-ce qui vous intéresse (ou pas) ?** – **Avez-vous déjà pris le petit-déjeuner en France ? Qu'est-ce que vous avez mangé ? Comment vous petit-déjeunez en général ?** – **Avez-vous déjà dormi dans un hôtel en France ? à l'étranger ? Avez-vous remarqué des différences culturelles ? Vous préférez une couette par personne ou une couette pour deux ?**

 **page 120** **Autoévaluation**

La page autoévaluation peut être réalisée de manière autonome, à la maison ou en cours. Elle permet aux apprenants d'évaluer leurs acquis pour savoir quels points ils doivent éventuellement réviser ou pas. Elle permet aussi de faire un bilan pour mieux se fixer les prochains objectifs. Les questions 1 à 3 se rapportent aux apprentissages de l'**Unité 7**. Les questions 4 à 7 se rapportent aux apprentissages de l'**Unité 8**. Les questions 8 à 10 se rapportent aux apprentissages de l'**Unité 9**.

À table !

Unité 10

objectifs

- choisir un restaurant
- commander et payer un repas
- parler de nourriture
- souhaiter un anniversaire
- proposer, accepter ou refuser quelque chose
- les verbes réfléchis
- les pronoms compléments d'objets directs **me**, **te**, **nous**, **vous**
- les verbes **attendre** et **comprendre**

 page 121   **page d'ouverture**

1

CD
2|27

L'unité est axée autour du thème du restaurant et des repas. D'emblée, les trois photos présentées sur la page d'ouverture nous plongent dans l'ambiance, puisque trois restaurants y sont représentés. Comme activité préliminaire, vous pouvez éventuellement demander aux apprenants d'observer les trois photos et d'imaginer, pour chaque restaurant, comment est / sont :
– la carte (Qu'est-ce qu'on mange ? Qu'est-ce qu'on boit ?),
– les prix,
– le service,
– l'ambiance.

Puis, attirez l'attention sur la photo de la famille Verdillon, en bas de la page à droite, et sur les bulles. Demandez aux apprenants quel restaurant la famille va choisir. Les apprenants justifient leurs hypothèses. Passez ensuite l'enregistrement pour vérifier.

2

Invitez les apprenants à parler d'eux-mêmes : **À quelle occasion vont-ils au restaurant ?** Vous pouvez également leur demander de raconter de manière plus concrète la dernière fois qu'ils sont allés au restaurant (**Pourquoi ? Où ? Avec qui ? Qu'ont-ils mangé ?** etc.).

Variante

Présentez l'activité sous forme de remue-méninges. Ne lisez pas les exemples. Demandez aux apprenants de dire quelles sont les différentes occasions pour lesquelles on peut aller au restaurant. Notez au tableau.

3

Demandez aux apprenants ce qu'ils attendent d'un restaurant. Pour les aider, lisez ensemble les amorces de réponses.

Activité supplémentaire

Demandez aux apprenants de présenter un restaurant qu'ils apprécient. Ils parlent de la carte, de l'ambiance, du service, etc. Ils travaillent d'abord par deux, chacun parlant d'un restaurant à son partenaire. Passez auprès des groupes et

Unité 10   85

aidez si nécessaire. Puis, une fois cette première phase d'entraînement effectuée, ils répètent une seconde fois leur présentation pour tout le groupe. À la fin, le groupe peut décider quel restaurant paraît le plus alléchant pour aller (de manière fictive ou réelle…) manger ensemble à la fin du cours !

 page 122   **Je peux goûter… ?**

4 a
CD
2|28
3|37

Les apprenants vont suivre la famille Verdillon au restaurant. Avant de faire écouter la conversation, demandez-leur de regarder la carte et d'imaginer qu'ils sont au restaurant : **Qu'est-ce qu'ils prennent ?** Cette question est un prétexte pour faire repérer ce qui se trouve sur la carte, avant l'écoute. Passez ensuite l'enregistrement. Les apprenants disent ce que la famille commande. Précisez que la commande inclut aussi des boissons.

4 b
CD
2|28
3|37

Passez l'enregistrement une seconde fois. Les apprenants écoutent et lisent le texte en même temps. Répondez aux questions concernant la compréhension du texte. Lisez ensemble les informations culturelles dans la marge.

INFO

Indiquez qu'il n'est pas obligatoire, en France, de commander des boissons en plus de la carafe d'eau.

INFO

Prononcez une fois à voix haute les expressions **à point**, **saignant**, et **bien cuit**. Pour les faire répéter, demandez à quelques apprenants ce qu'eux-mêmes préfèrent.

Invitez ensuite les apprenants à compléter la conjugaison du verbe **attendre** dans la marge. Enfin, proposez-leur de lire le dialogue, en groupes de quatre, à voix haute.

5
CD
2|29
3|38

Passez la seconde partie de l'enregistrement. À l'aide du texte, les apprenants cherchent les équivalents en français des expressions données à la page suivante, sous la retranscription de la conversation. Vérifiez ensemble les résultats.

▶ Ex. 1, 7, 8

NOTEZ

Lisez ensemble l'information dans la marge.

Je pourrais

Lisez ensemble l'information concernant la forme verbale **je pourrais**, utilisée pour marquer la politesse. Faites remarquer qu'il s'agit d'un temps, le conditionnel, que les apprenants ont déjà rencontré (**je voudrais**… / **j'aimerais**…) et qu'ils apprendront de manière systématique au niveau A2.

Expliquez éventuellement les derniers points du texte qui ne seraient pas clairs. Puis, invitez les apprenants à lire à voix haute.

page 123

	Le pourboire	Attirez l'attention sur l'information concernant le pourboire dans la marge.
6 a		Demandez aux apprenants de relire le dialogue et de cocher ce que les pronoms soulignés remplacent. Vérifiez en plénum.
6 b		Complétez ensemble la liste des pronoms compléments d'objet directs dans la marge. (**Le, la, l'** et **les** ont déjà été vus dans l'unité précédente.)
	NOTEZ	L'objet direct est l'objet qui se joint au verbe sans préposition pour en compléter le sens. En règle générale, il équivaut à l'accusatif en allemand. Mais pas toujours. Le verbe **aider** est un exemple, entre autres, de verbe suivi d'un objet direct en français mais du datif en allemand.
7 ▶ Ex. 3		Proposez cet exercice d'application pour réutiliser les pronoms compléments d'objet directs. Faites-le ensemble à l'oral ou laissez les apprenants réfléchir seuls, puis vérifiez ensemble.
8		Les apprenants répètent dans cette activité des phrases utiles pour commander au restaurant. Ils relient les phrases allemandes à leur équivalent français. Vérifiez en plénum.
	J'aimerais	Faites remarquer qu'on utilise fréquemment à l'oral **j'aimerais bien** (plus fréquent que simplement **j'aimerais**) pour exprimer un souhait.
9 ▶ Ex. 11		Les apprenants travaillent par groupe de trois, au minimum. L'un est le serveur, les autres sont les clients. Ils utilisent la carte page 210. Ils jouent la scène. Passez auprès des groupes pour aider si nécessaire.
	Variante	En petits groupes, les apprenants créent la carte d'un restaurant français. Ramassez et redistribuez ces cartes. Ils jouent la scène au restaurant, non pas à partir du menu page 210, mais à partir des cartes élaborées par le groupe.
	À photocopier Fiche d'activité 10	Pour découvrir des informations et discuter autour du thème des repas en France, vous pouvez utiliser le texte sur la **Fiche d'activité 10** à la page 121.

page 124   **Bon anniversaire !**

10
CD 2|30

▶ Ex. 5, 6

Introduisez la situation aux apprenants. Ils vont entendre de courts dialogues lors d'une fête d'anniversaire. Passez l'enregistrement. Ils lisent en même temps et relient un dialogue à une des cinq images. Vérifiez en plénum puis lisez ensemble à voix haute les dialogues.

NOTEZ   Attirez l'attention sur la conjugaison du verbe **comprendre** dans la marge.

Activité supplémentaire   En petits groupes, les apprenants écrivent de petits textes (quelques lignes suffisent) et imaginent ce qui s'est passé entre deux dialogues.

11   Invitez les apprenants à compléter les formes verbales avec les pronoms réfléchis. Vérifiez en plénum et lisez ensemble la conjugaison du verbe **se présenter**. Complétez ensuite la règle. Faites remarquer que **me**, **te** et **se** deviennent **m'**, **t'**, et **s'** devant une voyelle.

LERNTIPP   Lisez ensemble le « tuyau » dans la marge. Proposez éventuellement au groupe de produire ensemble une ou deux phrases supplémentaires, en plus des exemples.

12   Faites ensemble l'exercice d'application sur les verbes réfléchis.

▶ Ex. 4

 page 125

13   Lisez ensemble les questions sur l'anniversaire. Demandez si les apprenants ont d'autres idées de questions que vous pourriez ajouter à la liste. Vous pouvez par exemple ajouter : **comment avez-vous fêté votre dernier anniversaire ? (Où ? Avec qui ? Quel(s) cadeau(x) avez-vous reçus ?** etc.) Puis, laissez-les discuter par deux. Passez auprès d'eux pour aider si nécessaire. Ensuite, proposez à chacun de donner au groupe deux ou trois informations qu'il a retenues sur son partenaire.

INFO   Attirez l'attention sur l'information dans la marge.

14 a
CD 2|31

Passez l'enregistrement. Les apprenants disent quel(s) est (sont) le(s) thème(s) abordé(s) dans les bribes de conversation.

14 b
CD 2|31

▶ Ex. 2, 9, 10

Les apprenants écoutent encore une fois et lisent. Ils relèvent les expressions utilisées pour réaliser les actes de parole indiqués. Pour les groupes avancés, vous pouvez demander de relever les expressions une première fois sans lire le texte.

| **15** | Proposez aux apprenants de jouer une situation à table. Ils forment des petits groupes et choisissent un rôle (hôte ou invité). Passez auprès des groupes pour aider. |

Variante — Cette variante permet de donner une note ludique au jeu de rôle proposé dans l'**exercice 15**. En petits groupes, chaque groupe écrit sur des morceaux de papiers trois phrases relevant (directement recopiés ou en partie inspirés) des dialogues vus sur la double page. Ces papiers sont ramassés et redistribués pour l'activité de production. Les apprenants doivent alors intégrer les phrases notées sur les papiers dans la situation à table qu'ils jouent.

page 126 — À propos…

16 La page À propos… donne à découvrir des plats traditionnels de pays ou régions francophones.
Invitez les apprenants à regarder les photos et à réagir : **Connaissent-ils ces plats ? Peuvent-ils savoir ou deviner d'où ils viennent ? Les ont-ils déjà goûtés ?**

17 En petits groupes : les apprenants lisent les textes et se mettent d'accord sur cinq mots clés qui caractérisent chaque plat. Rassemblez les résultats en plénum.

18 Demandez aux apprenants quel plat leur semble le plus intéressant. Demandez ensuite s'ils connaissent d'autres plats francophones et de les présenter.

19 Les apprenants travaillent en petits groupes : des amis français ou francophones viennent leur rendre visite. Quel plat typique de la région leur cuisinent-ils ? En petits groupes, ils présentent leur plat au groupe.

Variante — Les apprenants préparent à la maison une présentation sur un plat (de leur région, de leur pays, ou d'un autre pays.) Ils parlent par exemple de l'origine du plat, des habitudes culinaires qui l'entourent, des ingrédients, etc. Ils le présentent en cours.

 Vous pouvez visionner la vidéo **Un pique-nique**. Les exercices pour le cours se trouvent dans l'**Option 4**, page 153. (Voir les explications à la page 106 de ce guide pédagogique.)

À photocopier Fiche vidéo 10 — Des exercices guidés supplémentaires pour la vidéo de l'**Unité 10** sont proposés page 133. Les apprenants peuvent aussi les faire à la maison.

Solutions

1. 4, 6, 5, 1, 8, 2, 3, 7
2. 1. se retrouvent; 2. a apporté; 3. goûter; 4. sert; 5. a mis; 6. a grossi; 7. préfère; 8. s'amusent
3. 1–c; 2–d; 3–a; 4–b
4. 1. Marco; 2. Marion; 3. Pierre

pages 128–130 **Exercices**

Sur ces trois pages se trouvent des exercices complémentaires, classés dans les catégories suivantes : **Vocabulaire, Grammaire, Phonétique** et **Compréhension et expression.** Ils correspondent aux activités de l'unité et peuvent être effectués, selon les besoins, en cours ou à la maison.

page 131 **Repères**

Sur cette page se trouve un résumé des expressions et structures grammaticales les plus importantes.

 Vous pouvez faire répéter les expressions les plus importantes avec **Répétez en musique**, pour consolider les acquis à la fin de chaque unité, ou bien les utiliser en tant qu'échauffement pour aborder la prochaine unité.

En Corse

Unité 11

objectifs

- parler de ses projets
- planifier des vacances
- écrire les vêtements que l'on porte
- les couleurs
- parler du temps
- parler des saisons
- le **futur proche**
- le verbe **mettre**
- les pronoms compléments d'objet indirect

 page 131 — **page d'ouverture**

1 L'unité propose aux apprenants un voyage à travers la Corse. Avant même d'ouvrir le livre, écrivez le nom de l'île au tableau et demandez aux apprenants s'ils savent où elle se situe. Demandez-leur ensuite de dire deux ou trois choses qu'ils y associent. Notez-les au tableau. Invitez ceux qui ont déjà voyagé en Corse à prendre la parole et à raconter leur expérience. (Vous pouvez les guider avec des questions telles que : **Vous êtes allé(e/s) quand en Corse ? Vous avez dormi où ? Qu'est-ce que vous avez fait ? Qu'est-ce que vous avez aimé ? Pas aimé ?**) Attention, cette première entrée en matière ne doit pas durer trop longtemps, afin que ceux qui ne sont jamais allés en Corse ne se sentent pas exclus !

Demandez ensuite aux apprenants de regarder la page d'ouverture de l'unité et les photos.

2 L'activité, à faire en plénum, permet de se familiariser un peu avec la géographie de l'île, de pouvoir localiser quelques-unes des villes les plus importantes, et d'un point de vue linguistique, d'utiliser en contexte des phrases avec les quatre points cardinaux.

3 Demandez aux apprenants de faire une liste d'activités que l'on peut faire en Corse. Pour réaliser la consigne, il n'est pas nécessaire de connaître l'île : il s'agit uniquement de formuler des hypothèses, inspirées par ce que donnent à voir les photos. Cette activité permet d'éveiller la curiosité et devrait donner envie d'entrer plus en avant dans l'unité.

INFO La Corse : située dans la mer Méditerranée, la Corse a longtemps fait partie de la République de Gênes, qui la cède à la France en 1735. La Corse se déclare alors indépendante, mais elle est conquise militairement par la France en 1769. Aujourd'hui, c'est une région française composée de deux départements (la

Haute-Corse et la Basse-Corse) et dont la ville la plus importante est Ajaccio. Elle a conservé une identité régionale forte : un hymne, une langue (mais la langue officielle et administrative reste le français), des traditions locales, comme les chants polyphoniques, etc. Surnommée l'île de Beauté, elle allie mer et montagne et accueille de nombreux touristes.

page 132 — On va bien s'amuser !

4

Sur cette double page, les apprenants découvrent le **futur proche** (ou **futur composé**), d'ailleurs contenu dans le titre. Introduisez la situation : Pauline passe les vacances chez son amie Laure, à Ajaccio, et écrit un mail à sa mère.

INFO

Avant de lire le mail, attirez l'attention sur l'information concernant la Corse dans la marge. Faites remarquer que **enfant du pays** est une expression idiomatique utilisée pour parler d'une personne née à un endroit. La Corse n'est pas un pays, mais une région française !

Invitez les apprenants à lire le mail, de manière individuelle, et à relever les projets des filles. Notez l'amorce de phrase : **elles vont…** au tableau et lisez l'exemple ensemble. Laissez les apprenants chercher d'autres exemples dans le mail, puis rassemblez les résultats ensemble.

5

▶ Ex. 4, 5, 13

Lisez et complétez ensemble la règle d'emploi et de formation du futur proche. Faites remarquer qu'il existe une autre forme de futur (le **futur simple**) que les apprenants apprendront en niveau A2. L'emploi de ces deux futurs étant quasiment identique, ils peuvent utiliser le futur proche dans presque toutes les situations pour parler de projets à venir.

RAPPEL

Attirez l'attention sur le Rappel dans la marge. Pour utiliser le futur proche, il est indispensable de connaître la conjugaison du verbe **aller** !

6

Cette activité permet de mettre en pratique le **futur proche**, de manière active et centrée sur les apprenants. Lisez ensemble les activités listées dans l'encadré et proposez aux apprenants de dire ce qu'ils vont faire / ne pas faire, pendant leurs prochaines vacances. Précisez-leur qu'ils peuvent bien sûr utiliser d'autres expressions que celles de la liste, s'ils ont des idées. Ils travaillent d'abord en petits groupes, puis racontent à la classe.

Variantes

Vous pouvez proposer des variantes pour rentre l'activité plus ludique. Par exemple :
– en petits groupes, les apprenants parlent de leurs projets pour les prochaines vacances et cherchent trois points communs et trois différences.

– En cercle : chacun dit deux choses qu'il va faire, deux choses qu'il ne va pas faire. Lorsque chacun a pris la parole, demandez au groupe de se rappeler de ce que chaque personne a dit.

Enfin, pour clore la page, vous pouvez lire ensemble à voix haute le mail (**exercice 4**) et expliquer les derniers points qui ne seraient pas clairs.

 page 133

7 Sur cette page, le groupe apprend à parler des vêtements et des couleurs. Tout d'abord, ils regardent les dessins de vêtements et placent sous chaque vêtement le nom correspondant. (Ces noms sont soit transparents, soit déjà connus.) Vérifiez ensemble.

8
CD
2 | 35
3 | 39

Pauline et Laure parlent des vêtements qu'elles vont mettre. Passez l'enregistrement. Les apprenants notent le nom des vêtements entendus. Vérifiez en plénum. Pour les groupes avancés, vous pouvez faire écouter une deuxième fois et demander où les filles veulent aller.

9
▶ Ex. 1

Passez encore une fois l'enregistrement. Les apprenants écoutent et lisent le dialogue en même temps. Ils cherchent ensuite les couleurs dans le texte et les complètent la palette, dans la marge. Vérifiez les résultats ensemble. Puis, procédez à une lecture du dialogue par deux, à voix haute.

NOTEZ Attirez l'attention sur l'information concernant l'accord des adjectifs de couleurs, dans la marge. Comme les autres adjectifs, ils sont accordés en genre et en nombre avec le nom qu'ils qualifient. À l'exception cependant des adjectifs qui désignent une chose à l'origine de la couleur : ceux-ci sont invariables.
Par exemple : **des chaussures noires**, mais **des chaussures marron / orange**. Toutefois, **rose**, bien que désignant une fleur, est considéré comme un véritable adjectif (**des chaussures roses**).

Se mettre sur son 31 Faites remarquer la signification de l'expression.

10 Les apprenants répètent les couleurs de manière ludique. Ils travaillent seuls ou en petits groupes. Vous, ou un apprenant, donnez le nom d'une couleur. Ils cherchent des objets ou des choses de cette couleur, comme dans l'exemple.

Variantes
– Donnez le nombre de mots à trouver (par exemple : cinq choses noires). Le premier groupe qui trouve ces cinq choses dit stop. On rassemble alors les résultats et on comptabilise les points (un point par mot trouvé).
– Donnez un temps limité (par exemple 1 minute 30) pour faire la liste de choses de la couleur donnée. Au bout de ce temps, comptez un point par mot.

Unité 11 93

11		À l'inverse, vous ou un apprenant donnez cette fois un objet ou une chose, parmi ceux / celles qui ont été citées lors de l'exercice 10. Le premier qui en donne la couleur marque un point.
12 ▶ Ex. 3, 4	**Le verbe mettre**	Lisez l'information sur la signification du verbe **mettre** dans la marge. Puis, les apprenants cherchent les formes du verbe dans le dialogue et complètent la conjugaison dans la marge. Vérifiez en plénum.
13		Pour chaque situation, les apprenants disent quels vêtements ils mettent.
	Activités supplémentaires	– Chacun décrit les vêtements d'une personne du groupe. (**Il / Elle porte…**) Le groupe devine de qui il s'agit. – Chacun décrit ses propres vêtements en introduisant une inexactitude. Le groupe corrige. (Exemple : **Non, tu ne portes pas un pull vert. Tu portes un pull bleu.**) – Jeu de mémorisation : A commence et dit : **Dans ma valise, je mets un jean.** B répète et poursuit : **Dans ma valise, je mets un jean et des lunettes de soleil.** C continue : **Dans ma valise, je mets un jean, des lunettes de soleil et un maillot de bain.** Et ainsi de suite.
	À photocopier Fiche d'activité 11	Pour travailler sur les noms de vêtements et le verbe mettre, vous pouvez utiliser la Fiche d'activité 11 à la page 22.

 page 134   **Quelle chaleur !**

14 CD 2 | 36		Les apprenants vont apprendre à parler de la météo. Notez la question, comprise dans la consigne : **Quel temps fait-il aujourd'hui ?**
▶ Ex. 12	**NOTEZ**	Les apprenants connaissent le mot **temps**, mais dans un autre contexte, avec une autre signification. Faites-leur remarquer que **temps** signifie aussi *Wetter*. Regardez et lisez ensemble les expressions pour donner la météo. Puis, passez l'enregistrement. Les apprenants cochent le temps qu'il fait.
	LERNTIPP	Attirez l'attention sur le « tuyau » dans la marge.
15		Puis, les apprenants lisent le dialogue et complètent le nom des saisons. Vérifiez en plénum. Invitez-les ensuite à lire le dialogue à deux, à voix haute.
	Activité supplémentaire	Pour réviser le nom des mois et des saisons : un apprenant donne le nom d'un mois, par exemple **juillet**. Les autres disent le plus rapidement possible de quelle saison il s'agit : **C'est l'été !**

16	Les apprenants travaillent par deux. A va à la page 194, et B à la page 197. Ils s'interrogent mutuellement pour compléter leur fiche météo des capitales européennes. Passez auprès des groupes pour aider si nécessaire.
17	Demandez aux apprenants de décrire le temps qu'il fait dans leur région aujourd'hui. Ajoutez éventuellement (puisqu'ils ont appris le futur proche !) : **et quel temps va-t-il faire demain ? après-demain ? le week-end prochain ?**
18 ▶ Ex. 2	Les apprenants parlent du temps et des saisons dans leur région. Pour chaque saison, ils indiquent : – le temps qu'il fait, – les activités qu'ils pratiquent. À la fin, ils disent la saison qu'ils préfèrent. L'activité peut se faire en petit groupe. Vous pouvez aussi proposer aux apprenants de décrire une saison sans la nommer (temps et activités) : les autres trouvent de quelle saison il s'agit.
Prépositions devant les noms de saisons	Faites d'abord remarquer les prépositions devant les noms de saisons dans la marge. Comme moyen mnémotechnique : **printemps** est la seule saison précédée de la préposition **au**. C'est aussi la seule qui est accompagnée de l'article **le** (**le printemps, mais l'automne, l'hiver, l'été**).

 page 135

19 CD 2 | 37 3 | 40	Présentez la situation aux apprenants : Pauline, Laure et son père sont sur le chemin de randonnée. Lisez les trois résumés avec le groupe. Puis, passez l'enregistrement. Les apprenants cochent le résumé exact. Vérifiez la réponse ensemble.
20	Les apprenants vont découvrir les pronoms compléments d'objet direct. Ils lisent les trois phrases issues de l'**exercice 19** et trouvent ce que remplacent les pronoms **lui** et **leur**. Pour leur faire verbaliser la règle, demandez quel est le pronom féminin singulier ? masculin singulier ? pluriel ?
Le complément d'objet indirect	On manie beaucoup les expressions **complément d'objet direct** (COD) et **complément d'objet indirect** (COI) pour la découverte des pronoms. Or, ces appellations grammaticales n'existent pas en allemand. Pour faire comprendre aux apprenants ce que sont le COD et le COI, lisez ensemble l'information dans la marge. Pour simplifier, vous pouvez leur dire qu'en règle générale (sauf exceptions), le COD correspond à l'accusatif en allemand, et le COI au datif.

21

▶ Ex. 6, 7, 8, 10, 11

Passez encore une fois l'enregistrement. Les apprenants lisent en même temps. Ils complètent les pronoms compléments d'objet indirect dans la marge.

NOTEZ

Lisez ensemble l'information complémentaire sur les pronoms compléments d'objets direct et indirect.

Vous pouvez procéder ensuite à une lecture à voix haute du dialogue, en groupe de trois. Expliquez les points du dialogue qui ne seraient pas encore clairs.

NOTEZ

Attirez l'attention sur l'accord du participe passé avec **on**, quand **on** a la signification de **nous.**

Les nasales

Les apprenants ont déjà rencontré les voyelles nasales à plusieurs reprises, et ce, dès la première unité. L'information dans la marge permet de récapituler cet aspect particulier de la phonétique française. Les nasales françaises sont au nombre de trois, dans certaines régions on en dénombre quatre. (Dans ce cas, on opère une distinction phonétique entre par exemple **brun** et **brin**.)

22

Les apprenants complètent les phrases avec les pronoms compléments d'objet indirect. Vérifiez les résultats en plénum.

23

▶ Ex. 14

L'activité permet de répéter le lexique de l'unité, de manière interactive et centrée sur les apprenants. Ces derniers travaillent en petits groupes. A choisit un thème. Les autres lui posent des questions autour de ce thème. Par exemple :

- sur le thème de la Corse : **Quelles activités on peut faire en Corse ? Qu'est-ce qui t'intéresse ? Quelle ville tu aimerais visiter ? Connais-tu un personnage célèbre né en Corse ?**
- sur le thème des prochaines vacances : **Quand est-ce que tu as des vacances ? Tu vas aller où ? Avec qui ? Qu'est-ce que tu vas faire ? Qu'est-ce que tu ne vas pas faire ?**
- sur les vêtements : **Quel est ta couleur de vêtement préférée ? Qu'est-ce que tu aimes porter ? Qu'est-ce que tu mets pour aller au travail ? Quand est-ce que tu as acheté des vêtements pour la dernière fois ?**
- sur la météo : **Quel temps fait-il aujourd'hui ? Quel temps tu préfères ? Qu'est-ce que tu aimes faire quand il pleut ? Quand il fait beau ?**
- sur le week-end prochain : **Qu'est-ce que tu vas faire le week-end prochain ? Avec qui ? Tu as écouté la météo ?**

Variante

Pour faciliter la tâche, vous pouvez préparer à l'avance des questions. Pour cela, séparez le groupe en cinq sous-groupes, chacun rassemblant le plus de questions possible pour un des thèmes. Notez les questions au tableau. Puis, procédez à la réalisation de l'activité telle qu'elle est proposée dans la consigne.

page 136   À propos…

24

Les Corses l'ont surnommé : *u Trinighellu*, « le petit train » : il transporte les voyageurs sur 232 kilomètres de voies ferrées et relie quatre des principales villes corses entre elles, notamment Bastia et Ajaccio. Il assure par ailleurs un service touristique sur la côte de la Balagne, entre l'Île-Rousse et Calvi. Le tracé de ce train régional est représenté en noir sur la carte de Corse, sur la page **À propos…**. Des photos, accompagnées de textes informatifs sur certains des lieux dans lesquels il s'arrête, sont par ailleurs données à voir.

Commencez par lire avec le groupe la consigne. Précisez que les réponses aux deux questions de la consigne se trouvent dans l'introduction en italique. Les apprenants lisent cette introduction et donnent les réponses.

25

Les apprenants travaillent en petits groupes (entre deux et quatre personnes). Ils préparent un programme de ce qu'ils vont faire en Corse pendant trois jours. Comme ils n'ont pas de voiture, ils vont devoir se déplacer en TER (et éventuellement louer des vélos.) Ils élaborent donc leur programme en fonction des lignes de train, et des choses qui les intéressent dans la description des lieux. Passez auprès des groupes pour aider si nécessaire. Lorsqu'ils ont terminé, ils présentent leur programme aux autres.

Vous pouvez visionner la vidéo **Une catastrophe… ?** Les exercices pour le cours se trouvent dans l'**Option 4**, page 154. (Voir les explications à la page 107 de ce guide pédagogique.)

À photocopier
Fiche vidéo 11

Des exercices guidés supplémentaires pour la vidéo de l'**Unité 11** sont proposés page 134. Les apprenants peuvent aussi les faire à la maison.

Solutions

1. 1. Camille a rendez-vous avec Pierre. Ils vont au cinéma demain après-midi.
   2. Qu'est-ce que je vais mettre ? / C'est une catastrophe.
   3. Elle trouve que ses vêtements sont affreux.
2. a. 1–e ; 2–a ; 4–b–d ; 5–c
   b. le chemisier est bleu ; le pantalon est gris ; la robe est noire ; la veste est blanche
3. 1. marron, noires, vertes ; 2. rouge ; 3. un jean, un pull, des baskets ; 4. un sac ; 5. du shopping

pages 137-139 Exercices

Sur ces trois pages se trouvent des exercices complémentaires, classés dans les catégories suivantes : **Vocabulaire, Grammaire, Phonétique** et **Compréhension et expression**. Ils correspondent aux activités de l'unité et peuvent être effectués, selon les besoins, en cours ou à la maison.

 page 140   **Repères**

Sur cette page se trouve un résumé des expressions et structures grammaticales les plus importantes.

2|41

Vous pouvez faire répéter les expressions les plus importantes avec **Répétez en musique**, pour consolider les acquis à la fin de chaque unité, ou bien les utiliser en tant qu'échauffement pour aborder la prochaine unité.

À Paris

Unité 12

objectifs

– décrire un trajet avec les transports en commun
– demander des renseignements
– raconter ce que l'on a fait
– le verbe **découvrir**
– le verbe **dire**
– la question et les mots interrogatifs (révision)

 page 141 **page d'ouverture**

1   Dans cette unité, les apprenants vont se promener à travers Paris. Invitez-les tout d'abord à regarder les photos, et éventuellement, à identifier ce qu'ils y voient. Puis, demandez-leur, à tour de rôle, de dire ce que Paris représente pour eux. (Si la question était trop vague pour eux, voici une autre manière de la formuler, plus guidée : **Paris en trois mots ?**)

2   Demandez aux apprenants de dire s'ils connaissent Paris et si oui, de raconter leur expérience. (**Quand êtes-vous allé(e) à Paris ? Vous avez dormi / mangé où ? Qu'est-ce que vous avez visité ? Qu'est-ce que vous avez aimé ? détesté ?** etc.) Pour ceux qui ne connaissent pas Paris, vous pouvez demander : **Aimeriez-vous visiter cette ville ? Pourquoi ?**

 page 142   **Paris se présente**

3   Sur cette double page, les apprenants (re)découvrent des attractions touristiques de la ville de Paris.

INFO   Avant de commencer l'activité, lisez ensemble l'information culturelle sur Paris, dans la marge.

Faites observer les photos et leurs légendes. Comme activité préliminaire, vous pouvez demander aux apprenants s'ils connaissent ces monuments ou lieux, et ce qu'ils en savent. Ils lisent ensuite les textes, et relient chaque texte à une photo. Ce travail peut se faire seul ou par deux. Vérifiez ensuite les résultats en plénum.

INFOS   **La cathédrale Notre-Dame de Paris**
Sa construction, lancée sous l'impulsion de l'évêque Maurice de Sully, s'est étendue de 1163 au milieu du XIVe siècle. Par ailleurs, après la Révolution, elle a été en grande partie rénovée. Son style n'est donc pas d'une uniformité totale. Elle est un des monuments les plus emblématiques de Paris, au cœur de l'histoire de France. (Y ont lieu par exemple le sacre de Napoléon Ier en 1804 ou

l'enterrement de François Mitterrand.) Elle accueille aujourd'hui plus de vingt millions de visiteurs par an.

Le centre Georges Pompidou

Connu aussi sous le nom de Beaubourg, il est né sous la volonté du président de la République de l'époque, Georges Pompidou, de créer un lieu voué à la création moderne et contemporaine où les arts plastiques côtoieraient les livres, le design, la musique et le cinéma. Avec ses expositions permanentes et temporaires, il accueille plus de cinq millions de visiteurs par an. Il est aussi doté d'une grande bibliothèque, la BPI, première bibliothèque publique de lecture en Europe.

Le quartier Latin

Situé sur la rive gauche de la Seine à Paris, avec pour cœur historique l'université de la Sorbonne, il tire son nom de l'usage exclusif du latin dans les cours donnés par les écoles et les universités médiévales installées dans le quartier. Par ailleurs, il a été un des centres névralgiques de Mai 1968. Aujourd'hui, le quartier est encore très fréquenté par les étudiants et les professeurs, du fait de la présence de nombreuses écoles et universités (la Sorbonne, centre universitaire Assas, campus de Jussieu, bibliothèque Sainte-Geneviève, École Normale Supérieure, etc.) Mais on y trouve aussi des boutiques et des restaurants, principalement occupés par des touristes.

La tour Eiffel

Construite en 1889, pour le centenaire de la Révolution, elle fut d'abord une vitrine du savoir-faire technique français. Dans les premières années de son existence, elle fut très contestée par ceux qui la jugeaient laide. Le nouveau premier étage (il y en a trois, le troisième n'étant pas accessible au public) inauguré en 2014, a un plancher transparent et donne la sensation de marcher au-dessus du vide.

La basilique du Sacré Cœur

Cet édifice religieux, au sommet de la butte Montmartre, a été construit après la guerre de 1870. Déclaré d'utilité publique par l'Assemblée nationale en 1873, il s'inscrit dans le cadre d'un « nouvel ordre moral » suite aux évènements de la Commune de Paris, dont Montmartre fut un des centres. C'est le second monument religieux le plus visité de France, après Notre-Dame de Paris.

Le cimetière du Père-Lachaise

C'est le plus grand cimetière de Paris intra-muros, et le cimetière le plus visité du monde. De nombreuses personnes célèbres y sont enterrées (Jim Morrison, Honoré de Balzac, Gilbert Bécaud, Frédéric Chopin, Eugène Delacroix, etc.).

Le Louvre

Musée d'art et d'antiquités, c'est un des plus grands musées et, avec neuf millions de visiteurs, le plus visité du monde. Ses collections comprennent environ 460 000 œuvres. D'abord demeure des rois de France, on commença à y entreposer une partie des collections royales de tableaux et sculptures, lors du départ de Louis XIV pour le Château de Versailles à la fin du XVIIe siècle. Il hébergea ensuite des académies et des artistes, puis fut transformé en «Muséum central des arts de la République» lors de la Révolution.

La fondation Louis Vuitton

Le bâtiment, qui a été conçu dans le but de promouvoir l'art et la culture et de pérenniser les actions de mécénat, a été inauguré en 2014 (avec le groupe de musique allemand Kraftwerk) au Jardin d'acclimatation dans le Bois de Boulogne. La fondation accueille aujourd'hui un centre d'art contemporain. Colloques, débats et conférences y sont également organisés.

page 143

	Lisez ensemble les textes et expliquez les derniers points qui ne seraient pas clairs.
NOTEZ	Attirez l'attention sur l'encadré concernant **c'était** et **il y avait** dans la marge. Vous pouvez informer les apprenants que ces deux verbes sont à l'imparfait. Pour raconter un récit au passé, on a souvent besoin, à l'oral, du passé composé et de l'imparfait. Ce dernier sera systématisé au niveau A2.
4	En petits groupes, les apprenants se mettent d'accord sur un programme de deux jours à Paris. Ils présentent ensuite leur programme au reste du groupe.
5	En petits groupes (deux ou trois personnes), les apprenants imaginent et racontent ce qu'ils ont fait à Paris.
Variante	Dans un premier temps, proposez de raconter des vacances à Paris sous forme de dessins: les apprenants doivent réaliser une page avec quatre ou cinq vignettes dans lesquelles ils racontent (de manière sommaire et schématique) quatre ou cinq choses qu'ils ont faites ou qui leur sont arrivées à Paris. Rassemblez, puis redistribuez les pages. Il s'agit maintenant pour les groupes de rédiger une lettre ou un e-mail racontant les vacances à Paris, sur la base des vignettes.
INFO	Attirez l'attention sur l'information dans la marge.

page 144 — Circuler dans Paris

6 CD 2|42 3|41	Présentez la situation aux apprenants: Catherine et Christophe passent une semaine à Paris. Ils se renseignent auprès de leur cousin parisien, Gabriel. Lisez les deux questions avec le groupe.
LERNTIPP	Avant de faire écouter l'enregistrement, lisez ensemble le «tuyau» dans la marge. Pour le mettre en pratique, demandez d'anticiper les réponses de Gabriel à

Catherine et Christophe. Puis, passez l'enregistrement. Vérifiez ensemble les réponses.

7

▶ Ex. 4, 9

Passez une fois encore l'enregistrement. Les apprenants écoutent et lisent en même temps. Puis, ils disent (et soulignent) les informations qu'ils trouvent importantes pour une personne qui découvre les transports parisiens.

Le verbe dire   Faites remarquer aux apprenants que le verbe **dire**, dont une des formes apparaît dans le dialogue, est irrégulier. Lisez ensemble la conjugaison dans la marge.

INFO   Lisez ensemble l'information concernant le passe Navigo à Paris.

8

▶ Ex. 10

Les apprenants comparent la situation des transports en commun à Paris avec la situation dans leur ville ou région : Quels types de transports existent ? Quels sont les prix ? Les différents tickets et abonnements ?

Variante   Pour motiver les apprenants, proposez-leur d'écrire une brochure d'information sur les transports en commun de leur région pour leur office de tourisme, à l'intention des Français qui y viendraient en vacances.

 page 145

9

▶ Ex. 8

Les apprenants travaillent par deux. Ils s'entraînent à comprendre et décrire un trajet en métro. Lisez ensemble les noms de stations dans l'encadré. Lisez également les amorces de phrases, sous l'encadré. Puis, invitez les apprenants à regarder le plan de métro à la page 212. À tour de rôle, ils demandent et expliquent comment se rendre aux lieux indiqués précédemment. Passez auprès des groupes et aidez si nécessaire.

10

CD
2 | 43
3 | 42

▶ Ex. 1, 3

Présentez la situation : Catherine et Christophe sont revenus de leur promenade. Catherine raconte la journée à Gabriel. Passez l'enregistrement. Les apprenants écoutent et lisent en même temps. Puis, ils retrouvent le chemin parcouru par les deux touristes sur le plan de la page 213.

Procédez ensuite à une lecture à voix haute, avec le groupe, et expliquez les derniers aspects du dialogue qui ne seraient pas clairs.

Le verbe découvrir   Faites remarquer la conjugaison du verbe **découvrir** (tout comme **ouvrir**) dans la marge, et sa particularité : bien qu'il se termine en **-ir**, il est conjugué comme un verbe en **-er**.

INFO   Attirez l'attention sur l'information concernant le Batobus dans la marge.

11
▶ Ex. 6

Demandez aux apprenants de rechercher dans le dialogue les questions équivalentes à celles données dans la consigne et de les comparer.

RAPPEL
La proposition interrogative

Regardez ensemble les exemples de propositions interrogatives dans la marge et récapitulez l'ordre des mots :

Question totale (réponses possibles : oui/non)
- question avec intonation : verbe + sujet (+ complément(s))
- question avec **est-ce que** : **est-ce que** + verbe + sujet (+ complément(s))
- question avec inversion : verbe + sujet (+ complément(s))

Question partielle (avec un pronom interrogatif) :
- question avec intonation : verbe + sujet (+ complément(s)) + pronom interrogatif
- question avec **est-ce que** : pronom interrogatif + **est-ce que** + verbe + sujet (+ complément(s))
- question avec inversion : pronom interrogatif + verbe + sujet (+ complément(s))

RAPPEL
Les pronoms interrogatifs

Relisez ensemble la liste des pronoms interrogatifs, déjà connus. Faites remarquer la particularité du pronom interrogatif **que / qu'est-ce que / quoi** :
- on utilise **quoi** dans la question avec intonation, **quoi** étant placé en fin de phrase.
- on utilise **qu'est-ce que** dans la question avec **est-ce que**, **qu'est-ce que** étant en début de phrase.
- on utilise **que** dans la question avec inversion. On est alors dans le registre formel.

12
▶ Ex. 5, 7

Cette activité est un exercice d'application de la question et des pronoms interrogatifs. Demandez aux apprenants de relever les questions dans le dialogue de l'**exercice 7** et de les reformuler autrement. Ils travaillent seuls ou par deux. Vérifiez les résultats en plénum.

13

Les apprenants préparent un programme pour des touristes en visite deux jours dans leur région. Passez auprès des groupes pour aider si nécessaire.

Variante

En petits groupes, les apprenants préparent une brochure pour l'office de tourisme de leur ville / région. Ils donnent notamment des informations sur les curiosités touristiques et les transports en commun.

Activité supplémentaire

Pour réemployer les pronoms interrogatifs, proposez aux apprenants de réaliser, en petits groupes, un quiz sur leur région. Ils posent ensuite les questions du quiz au groupe : qui donne une réponse en premier marque un point !

page 146 À propos...

14

Différentes œuvres culturelles, ayant comme sujet commun Paris, sont présentées sur la page. Demandez d'abord aux apprenants de regarder les photos et de dire s'ils connaissent une de ces œuvres. Puis, lisez et expliquez les textes. Invitez les apprenants à dire quels aspects de Paris sont, selon eux, représentés dans les œuvres.

INFOS

***Les Enfants du paradis*, de Marcel Carné**
Le film réalisé d'après un scénario de Jacques Prévert est sorti en 1945. Il se passe à Paris en 1928. Le mime Baptiste (joué par Jean-Louis Barrault) tombe amoureux de Garance (Arletty), femme libre et audacieuse.

***Sous le ciel de Paris*, interprété par Edith Piaf**
La chanson a été écrite en 1951 par Jean Dréjac, sur la musique du compositeur Hubert Giraud, pour accompagner le film du même titre. Elle a par la suite été interprétée par de nombreux chanteurs et chanteuses (Juliette Gréco, Édith Piaf, Yves Montand, Mireille Mathieu, Zaz) et est devenue un symbole de Paris et de la France dans le monde.

***Paris s'éveille*, interprété par Jacques Dutronc**
La chanson, sortie en 1968, a d'emblée été un grand succès, que les Français continuent à fredonner aujourd'hui. Elle dépeint un Paris aux aurores, vu par les yeux d'un noctambule pas prêt à aller se coucher.

***Notre-Dame de Paris*, de Victor Hugo**
L'intrigue se déroule dans la célèbre cathédrale. Le grand public en connaît un des piliers : Quasimodo, hideux sonneur de cloches, est amoureux de la belle Esméralda, danseuse bohémienne. L'œuvre se compose de onze livres et a été publiée pour la première fois en 1831.

***Zazie dans le métro*, de Raymond Queneau**
Dans cette comédie burlesque parue en 1959, l'auteur met en scène une fillette pleine d'énergie, qui vient en visite chez son oncle à Paris et veut absolument prendre le métro. L'ambiance est drôle, tout en invitant à réfléchir et philosopher, les personnages sont pittoresques et la langue est originale, populaire et phonétiquement déstructurée. C'est le premier grand succès littéraire de R. Queneau.

***Paris*, de Cédric Klapisch**
Klapisch retrouve son acteur fétiche, Romain Duris (qui a déjà joué, entre autres, dans *Le Péril jeune* ou *L'Auberge espagnole*), pour une comédie dramatique cette fois. Pierre, danseur, est atteint d'une grave maladie et va se faire greffer le cœur. Il ne sait pas s'il survivra à l'opération et passe ses journées à observer les Parisiens anonymes, du haut de son balcon.

15	Interrogez le groupe : **Qui connaît d'autres œuvres (chansons, films, livres, etc.) sur Paris ?**
16	Les apprenants travaillent en petits groupes. Ils choisissent une ville et écrivent ensemble un texte dans lequel cette ville se présente. Passez auprès des groupes et aidez si nécessaire. Ensuite, les groupes lisent leur production. Les autres devinent de quelle ville il s'agit. S'ils ne devinent pas tout de suite, ils doivent poser des questions, jusqu'à ce qu'ils trouvent.
À photocopier **Fiche d'activité 12**	Pour réviser les acquis des trois dernières unités, vous pouvez utiliser la **Fiche d'activité 12** à la page 123.
	Vous pouvez visionner la vidéo **Quel programme !** Les exercices pour le cours se trouvent dans l'**Option 4**, page 155. (Voir les explications à la page 108 de ce guide pédagogique.)
À photocopier **Fiche vidéo 12**	Des exercices guidés supplémentaires pour la vidéo de l'**Unité 12** sont proposés page 135. Les apprenants peuvent aussi les faire à la maison.
Solutions	1. a) Il habite à Montmartre, dans le 18e arrondissement. b) Il écrit un article sur les monuments au bord de la Seine. 2. 5 et 7 3. 1. la maison des rois de France ; 2. la Révolution ; 3. un musée 4. 1–c ; 2–e ; 3–d ; 4–b ; 8–a 5. le bateau

 pages 147–149 Exercices

Sur ces trois pages se trouvent des exercices complémentaires, classés dans les catégories suivantes : **Vocabulaire, Grammaire, Phonétique** et **Compréhension et expression**. Ils correspondent aux activités de l'unité et peuvent être effectués, selon les besoins, en cours ou à la maison.

 page 150   **Repères**

Sur cette page se trouve un résumé des expressions et structures grammaticales les plus importantes.

 2|46   Vous pouvez faire répéter les expressions les plus importantes avec **Répétez en musique**, pour consolider les acquis à la fin de chaque unité, ou bien les utiliser en tant qu'échauffement pour aborder la prochaine unité.

Option 4

📖 page 151 — **Français et francophones**

1 Sur cette page, des capitales et chefs-lieux francophones sont présentés. Demandez d'abord aux apprenants de regarder les photos et de dire s'ils reconnaissent une des villes. Proposez-leur ensuite de relever le nom des villes dont il est question, en survolant rapidement les textes. Invitez ceux qui sont déjà allés dans une de ces villes à raconter brièvement leur expérience (en langue maternelle éventuellement).

2 Attirez l'attention sur les mots dans l'encadré à droite. Laissez ensuite du temps aux apprenants pour lire les textes et les compléter avec les mots. Ils travaillent seuls ou par deux. Procédez ensuite à une lecture en commun, pour vérifier. Expliquez les points des textes qui ne seraient pas clairs, si nécessaire.

3 Demandez aux apprenants de citer d'autres villes francophones. S'ils sont intéressés, ils peuvent rassembler quelques informations et des photos sur une de ces villes et les présenter au groupe lors du prochain cours.

📖 page 152 — **Pour la profession**

4 La page traite des habitudes françaises en matière de repas d'affaires. Lisez ensemble les différents items, proposés sur le document, et expliquez-les si nécessaire. Les apprenants cochent les options qui correspondent, à leur avis, aux Français lorsqu'ils invitent des collègues étrangers.

5 Un cadre français présente ses réflexions sur l'évolution des habitudes des Français, lorsqu'ils invitent leurs collègues étrangers à manger. Lisez ensemble le texte. Invitez les apprenants à dire quelles informations diffèrent de ce qu'ils ont coché dans l'activité précédente.

6 Présentez la situation : un collègue français se rend dans la ville des apprenants. Ils lui posent des questions pour connaître ses goûts et ses habitudes et choisir le bon restaurant. Proposez aux apprenants de jouer la scène, à deux.

📖 page 153 — **Vidéo unité 10   Un pique-nique**

1 Les personnages de la vidéo organisent un pique-nique. Invitez le groupe à regarder la photo et à imaginer ce que chacun a apporté à boire et à manger. (Vous pouvez procéder sous forme de remue-méninges et noter les idées au tableau.)

2	Passez la vidéo jusqu'à la minute 0:50. Demandez aux apprenants de noter les ingrédients de la salade niçoise. Vous pouvez ajouter la question : **Pourquoi Camille pense-t-elle que ce n'est pas une salade niçoise classique ?**
3 †††	Proposez aux apprenants de travailler en petits groupes. Ils observent les photos et imaginent ce que les personnages disent ou pensent. Écoutez ensemble les différentes idées.
4	Lisez ensemble les phrases proposées. Passez une première fois la vidéo sans le son. Les apprenants cochent qui, à leur avis, dit quoi. Puis, passez une seconde fois la vidéo, cette fois avec le son. Ils vérifient leurs réponses. Rassemblez ensemble les bonnes réponses.
5	Les apprenants imaginent une variante du pique-nique, dans laquelle tout le monde mange du far breton et Pierre donne sa recette. Passez auprès des groupes pour aider si nécessaire.

page 154 — Vidéo unité 11   Une catastrophe… ?

1	Lisez ensemble les trois questions auxquelles les apprenants vont devoir répondre. Puis, proposez-leur d'écouter la vidéo jusqu'à la minute 1:04, sans en voir l'image (ils se mettent dos à l'écran, ou alors, vous cachez l'écran). Rassemblez les réponses.
2	Passez ensuite la vidéo jusqu'à la minute 1:08 avec le son. Les apprenants vérifient ainsi leurs réponses.
3a	Passez la vidéo avec le son jusqu'à la minute 2:50 et demandez aux apprenants de deviner ce que Camille va mettre, et ce que Marion va proposer pour la calmer. Incitez-les à utiliser le futur proche. **(Elle va…)**
3b	Passez la fin de la vidéo avec le son. Les apprenants comparent avec leurs hypothèses.
Activité supplémentaire	(Avant de procéder aux exercices a et b.) Jeu-concours : formez des équipes et passez l'ensemble de la vidéo sans le son. Il s'agit de noter le plus de vêtements visibles à l'écran. Rassemblez ensuite les résultats. Un nom de vêtement égale un point. Un nom de vêtement, accompagné d'un adjectif pour le qualifier, égale deux points.
4	Laissez quelques minutes aux apprenants pour lire et se familiariser avec le texte à compléter. Puis, passez la vidéo. Ils complètent avec les adjectifs.

| 5 | Les apprenants jouent une scène similaire : l'un d'entre eux se présente à un entretien d'embauche et ne sait pas quoi mettre. L'autre fait des suggestions. |

 **Vidéo Unité 12 Quel programme !**

| 1 | Invitez tout d'abord les apprenants à observer la photo et à faire des hypothèses : **Où est Camille ? Qui appelle-t-elle ? Que va-t-il se passer ?** |

| 2 | Invitez-les ensuite à regarder les dernières images de la vidéo et à imaginer ce qui s'est passé. Éventuellement, demandez-leur d'imaginer une suite à leur histoire. (Par exemple : **Le lendemain, Pierre et Marco sont au bureau et…**) |

| 3 | Passez l'ensemble de la vidéo avec le son. Les apprenants comparent avec leurs hypothèses. |

| 4 | Repassez une fois la vidéo. Demandez aux apprenants de prendre des notes sur ce que dit Marco, puis de résumer : **Que fait-il ? Il a été où ? Que va-t-il encore faire ?** |

| 5 | Baissez le son (le volume devant être très bas). Demandez aux apprenants de commenter la scène, comme s'ils étaient reporters télé. Vous pouvez pour cela demander à deux ou trois volontaires de le faire, ou bien, proposez aux apprenants de travailler en tandem. Quand vous passez la vidéo, une personne de chaque tandem commente comme un reporter, son / sa partenaire de travail écoutant, et soufflant si nécessaire (en cas de panne !). |

| 6 | Proposez au groupe d'imaginer la suite des aventures de nos personnages. Écoutez les différentes propositions. Annoncez pour conclure que les apprenants retrouveront un des personnages principaux, Pierre, dans le DVD qui accompagne *Perspectives Allez-y ! A2*. |

 Autoévaluation

La page autoévaluation peut être réalisée de manière autonome, à la maison ou en cours. Elle permet aux apprenants d'évaluer leurs acquis pour savoir quels points ils doivent éventuellement réviser ou pas. Elle permet aussi de faire un bilan pour mieux se fixer les prochains objectifs. Les questions 1 à 3 se rapportent aux apprentissages de l'**Unité 10**. Les questions 4 à 6 se rapportent aux apprentissages de l'**Unité 11**. Les questions 7 à 9 se rapportent aux apprentissages de l'**Unité 12**.

Sommaire des fiches

Fiches d'activités

Unité 1	Questions / Réponses	p. 110
Unité 2	Cartes d'identité	p. 111
Unité 3	Les dominos des adjectifs	p. 112
Unité 4	À lire : les Français au travail	p. 113
Unité 5	Mémory	p. 114
Unité 6	À la boulangerie, je voudrais…	p. 116
Unité 7	Passé composé	p. 118
Unité 8	Décrire la maison	p. 119
Unité 9	Raconter une histoire	p. 120
Unité 10	À lire : la gastronomie française	p. 121
Unité 11	Vêtements	p. 122
Unité 12	À Paris	p. 123

Fiches vidéo

Unité 1	Bienvenue à Paris	p. 124
Unité 2	Une « crêpe maison »	p. 125
Unité 3	Tête-à-tête… ?	p. 126
Unité 4	Pause-café	p. 127
Unité 5	À samedi ?	p. 128
Unité 6	Et avec ça ?	p. 129
Unité 7	Perdu à Paris…	p. 130
Unité 8	Visite d'un appartement	p. 131
Unité 9	En direct de Dijon	p. 132
Unité 10	Un pique-nique	p. 133
Unité 11	Une catastrophe… ?	p. 134
Unité 12	Quel programme !	p. 135

Questions / Réponses

Fiche d'activités 1

Photocopiez et découpez les cartes.
Variante 1 : Par deux. Les apprenants trouvent les questions (cartes blanches) et les réponses (cartes grises) qui vont ensemble.
Variante 2 : Distribuez les cartes dans la classe (une carte par apprenant). Les apprenants qui ont une carte blanche la lisent à voix haute. Ceux qui ont une carte grise doivent réagir au bon moment.

Bonjour Monsieur.	Vous allez bien ?	Les enfants sont dans la maison ?	Alors, Lili, tu es en forme ?
C'est qui ?	Je te présente Marie.	Je m'appelle Sylvie. Et toi ?	Il est sympa, le papa de Léo ?
Je suis de Saint-Denis.	Salut Jeanne.	C'est vous, Marion ?	Allez, bonne journée !
Bonjour Madame.	Oui, merci. Et vous ?	Non, ils sont au club de foot.	Oui, super. Et toi ?
C'est Alex, le professeur de français.	Enchanté.	Moi, c'est Ludovic.	Monsieur Lefranc ? Euh… comme ci comme ça.
Ah, de La Réunion ? C'est intéressant !	Salut !	Ah non. Moi, je suis Anne-Sophie.	Au revoir.

© 2015 Cornelsen Schulverlage GmbH, Berlin. Alle Rechte vorbehalten

Cartes d'identité

Fiche d'activités 2

Découpez et distribuez les cartes. Les apprenants complètent à leur guise les informations manquantes. Puis, ils se déplacent dans la salle et se présentent les uns aux autres avec leur nouvelle identité.

Prénom : Lucie
Nom de famille : _____
Ville d'origine : Nice
Ville actuelle : Barcelone
Profession : _____
Langues parlées : français, espagnol, anglais

Prénom : Sergio
Nom de famille : Ramirez
Ville d'origine : _____
Ville actuelle : Berlin
Profession : journaliste pour *El País*
Langues parlées : _____

Prénom : Stefan
Nom de famille : Van der Broke
Ville d'origine : _____
Ville actuelle : Bonn
Profession : _____
Langues parlées : allemand, néerlandais, anglais

Prénom : Miao
Nom de famille : Sato
Ville d'origine : Tokyo
Ville actuelle : Venise
Profession : chanteuse à l'opéra
Langues parlées : _____

Prénom : _____
Nom de famille : MacCarthy
Ville d'origine : Dublin
Ville actuelle : Londres
Profession : _____
Langues parlées : anglais

Prénom : Marc
Nom de famille : Thébard
Ville d'origine : Bruxelles
Ville actuelle : _____
Profession : serveur
Langues parlées : _____

Prénom : Johanna
Nom de famille : _____
Ville d'origine : São Paulo
Ville actuelle : _____
Profession : femme au foyer
Langues parlées : portugais, français, espagnol

Prénom : Anne
Nom de famille : _____
Ville d'origine : Saint-Denis (La Réunion)
Ville actuelle : Strasbourg
Profession : directrice d'entreprise
Langues parlées : _____

Prénom : _____
Nom de famille : Salsek
Ville d'origine : Budapest
Ville actuelle : _____
Profession : designer chez Dior
Langues parlées : français, anglais, hongrois

Prénom : Aminata
Nom de famille : Diop
Ville d'origine : Dakar
Ville actuelle : _____
Profession : _____
Langues parlées : français, wolof, russe

Prénom : Vladimir
Nom de famille : _____
Ville d'origine : Moscou
Ville actuelle : _____
Profession : entraîneur dans un club de foot
Langues parlées : _____

Prénom : Natacha
Nom de famille : _____
Ville d'origine : La Rochelle
Ville actuelle : Saint-Malo
Profession : coiffeur / salon de coiffure pour dames
Langues parlées : _____

Prénom : Nadja
Nom de famille : Schiffer
Ville d'origine : _____
Ville actuelle : _____
Profession : secrétaire (à l'université populaire)
Langues parlées : allemand, anglais, russe

Prénom : _____
Nom de famille : Thiriet
Ville d'origine : _____
Ville actuelle : Montréal
Profession : professeur de français (école privée)
Langues parlées : français, anglais, allemand

Prénom : Beata
Nom de famille : Ranska
Ville d'origine : _____
Ville actuelle : _____
Profession : éditrice chez Cornelsen
Langues parlées : polonais, français, allemand

Les dominos des adjectifs

Fiche d'activités 3

Photocopiez la fiche autant de fois que vous avez d'équipes de joueurs dans la classe. Découpez les dominos.
Règle du jeu : Le jeu se joue avec trois ou quatre joueurs. On distribue le même nombre de dominos aux joueurs, et on place le domino de départ (domino gris) sur la table. Chaque joueur doit poser, quand il le peut, un de ses dominos à l'extrémité d'un domino posé sur la table, en faisant attention que le nom et l'adjectif qui se retrouvent ainsi côte à côte fonctionnent ensemble, d'un point de vue grammatical (accord singulier / pluriel ; féminin / masculin) et sémantique (signification acceptable).

bilingues.	C'est une fille	sympathique.	C'est un garçon	anglais.	C'est une boisson
française.	Ce sont des amis	charmants.	Elle a un petit chat	adorable.	Léa et Jeanne sont
intéressantes.	Les enfants, vous êtes	drôles.	C'est une femme	célibataire.	Ce sont des femmes
fantastiques	J'adore la crème	fraîche.	C'est un film	romantique.	Ce sont des chansons
géniales.	C'est un partenaire de tango	désagréable.	La prof est	espagnole.	Jo et Marc sont
jeunes.	C'est un collègue	intelligent.	Il a des chiens	marrants.	Diane est
blonde.	C'est un exercice	difficile.	C'est une dame	charmante.	C'est un monsieur
élégant.	Les Français sont	arrogants.	Les deux sœurs sont	grandes.	Bertrand est
amoureux.	C'est un opéra	tragique.	Sonia et Dimitri sont	russes.	Elle aime les films
italiens.	C'est une comédie	originale.	C'est un musée	intéressant.	Ce sont des voisins

À lire : les Français au travail

Fiche d'activités 4

Photocopiez et distribuez la fiche avec les questions et le texte aux apprenants. Ils travaillent en petits groupes.

1 **Lesen Sie die Sätze und raten Sie: richtig (vrai) oder falsch (faux)?**

	vrai	faux
a. En France, la pause de midi est de trente minutes environ.	☐	☐
b. En général, à midi, les Français mangent des sandwichs.	☐	☐
c. Il n'y a pas de cantine dans les entreprises.	☐	☐
d. En France, on travaille jusqu'à 65 ans.	☐	☐

2 **Lesen Sie den Text und überprüfen Sie.**

> **Les Français au travail**
> En général, les Français travaillent de 35 à 40 heures par semaine. La journée de travail dure 8 heures environ, avec une pause d'une heure (ou une heure et demie dans les petites villes) pour le déjeuner de midi. Les Français aiment prendre le temps de manger et de discuter avec les collègues. Ils mangent à la cantine de l'entreprise ou dans des petits restaurants bon marché. Souvent, les employés d'une entreprise ou d'une administration ont des tickets-restaurant*.
> En France, on a cinq semaines de vacances par an. La retraite est à 65 ans. (Dans une vie, on travaille de 42 à 45 ans.)

* le ticket-restaurant : Oft werden Essenmarken (tickets-restaurant) den Mitarbeitern von dem Arbeitgeber verteilt, wenn es keine Kantine gibt.

3 **In Kleingruppen: Schreiben Sie einen Text über die Arbeitsgewohnheiten Ihrer Landsleute oder einer bestimmten Berufsgruppe.**

Les Allemands / Les Autrichiens travaillent… par semaine. • La journée de travail dure… • Pour le déjeuner, ils ont une pause de…	Les infirmiers / professeurs travaillent… • Ils ont… semaines de vacances. • La retraite est à… • C'est dur / intéressant.

Mémory

Fiche d'activités 5

Photocopiez et découpez les cartes. Distribuez un jeu de cartes pour un groupe de 3 à 5 joueurs. Les joueurs disposent les cartes sur la table, en cachant la face dessinée ou écrite. Chacun leur tour, les joueurs retournent deux cartes. L'objectif est de retourner deux cartes correspondantes (l'expression et l'illustration désignent la même activité). Dans ce cas, le joueur remporte les deux cartes et a le droit de rejouer. Le cas échéant, il passe la main au joueur suivant.
Variante : Les apprenants jouent par deux. Distribuez seulement les cartes avec des illustrations. Chacun leur tour, ils tirent une carte. Ils doivent alors dire le nom de l'activité qu'ils voient. S'ils y parviennent, ils gardent la carte et rejouent. S'ils n'y parviennent pas, ils replacent la carte dans le paquet et passent la main.

Faire de la randonnée	Faire une sieste	Prendre un verre	Écouter une chorale
Faire de la natation	Bricoler	Voyager	Organiser un dîner avec des amis
Faire du kayak	Visiter un musée	Étudier le français	Aller au théâtre
Faire de l'escalade	Regarder la télé	Jouer à un jeu de société	Danser
Regarder les courses de Formule 1	Faire du vélo	Faire une promenade dans la vieille ville	Faire du fitness

Mémory

Fiche d'activités 5

À la boulangerie, je voudrais…

Fiche d'activités 6

Photocopiez les cartes et découpez-les, autant de fois que vous avez besoin de jeux. (Le jeu se joue à 3, 4 ou 5 joueurs.)
Règles du jeu : Les règles sont les mêmes que celles du jeu des 7 familles. On distribue cinq cartes par joueur. Le reste des cartes (s'il y en a) constitue la pioche. L'objectif pour chaque joueur est de rassembler toutes les cartes d'un même ensemble : ici, d'un même magasin. En haut de chaque carte figure le nom du magasin. En bas de la carte, les 5 cartes-aliments qui existent pour ce magasin. Le premier joueur (joueur A) commence et fait une demande à un joueur de son choix (joueur B).
Exemple 1 : S'il veut par exemple la carte pain, pour rassembler les cartes du magasin Boulangerie-pâtisserie, A dit : «À la boulangerie, je voudrais du pain». Si B possède la dite carte, il est obligé de la lui donner. Dans ce cas, A rejoue. Sinon, A tire dans la pioche. S'il tire la carte qu'il a demandé, il rejoue. Sinon, c'est au tour du joueur suivant.
Exemple 2 : A a dans son jeu trois cartes Supermarché : huile d'olive, biscuit et riz. Il lui manque encore les cartes vin et miel pour compléter la série. Il demande à B : «Au supermarché, je voudrais du vin.» Puis, il demande à B ou à C : «Au supermarché, je voudrais du miel.»
Quand un des joueurs a rassemblé tous les aliments d'un magasin, il pose ces cartes sur la table, et le jeu continue.

boulangerie-pâtisserie  le pain • le croissant • le pain au chocolat • l'éclair • la brioche	boulangerie-pâtisserie  le pain • le croissant • le pain au chocolat • l'éclair • la brioche	boulangerie-pâtisserie  le pain • le croissant • le pain au chocolat • l'éclair • la brioche
boulangerie-pâtisserie  le pain • le croissant • le pain au chocolat • l'éclair • la brioche	boulangerie-pâtisserie  le pain • le croissant • le pain au chocolat • l'éclair • la brioche	crèmerie  la crème fraîche • les yaourts • le lait • le fromage • le beurre
crèmerie  la crème fraîche • les yaourts • le lait • le fromage • le beurre	crèmerie  la crème fraîche • les yaourts • le lait • le fromage • le beurre	crèmerie  la crème fraîche • les yaourts • le lait • le fromage • le beurre
crèmerie 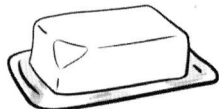 la crème fraîche • les yaourts • le lait • le fromage • le beurre	marchand de fruits et légumes  les champignons • les courgettes • les carottes • les fraises • les oranges	marchand de fruits et légumes  les champignons • les courgettes • les carottes • les fraises • les oranges

À la boulangerie, je voudrais…

Fiche d'activités 6

marchand de fruits et légumes	marchand de fruits et légumes	marchand de fruits et légumes
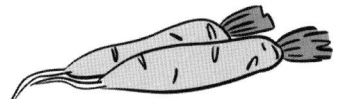		
les champignons • les courgettes • les carottes • les fraises • les oranges	les champignons • les courgettes • les carottes • les fraises • les oranges	les champignons • les courgettes • les carottes • les fraises • les oranges
boucherie-charcuterie	**boucherie-charcuterie**	**boucherie-charcuterie**
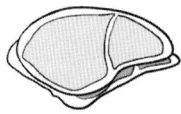	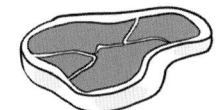	
le jambon • le pâté • le poulet • le steak • les saucisses	le jambon • le pâté • le poulet • le steak • les saucisses	le jambon • le pâté • le poulet • le steak • les saucisses
boucherie-charcuterie	**boucherie-charcuterie**	**supermarché**

le jambon • le pâté • le poulet • le steak • les saucisses	le jambon • le pâté • le poulet • le steak • les saucisses	l'huile d'olive • le riz • les biscuits • le vin • le miel
supermarché	**supermarché**	**supermarché**

l'huile d'olive • le riz • les biscuits • le vin • le miel	l'huile d'olive • le riz • les biscuits • le vin • le miel	l'huile d'olive • le riz • les biscuits • le vin • le miel
supermarché		

l'huile d'olive • le riz • les biscuits • le vin • le miel		

Passé composé

Fiche d'activités 7

Photocopiez la fiche ci-dessous. Distribuez une fiche par apprenant.
Mettez les verbes à la forme exacte du passé composé et interrogez les autres personnes du cours de français. Si possible, trouvez au moins une personne pour chaque situation.
Exemple :
– Tu es / vous êtes venu(e) en voiture au cours de français aujourd'hui ?
+ Oui, je suis venu(e) en voiture. / Non, je ne suis pas venu(e) en voiture. (Je suis venu(e) à pied / en bus…)

AUJOURD'HUI

1. venir en voiture au cours de français _____
2. acheter quelque chose _____
3. écouter la radio _____

HIER SOIR

4. sortir _____
5. regarder la télé _____

LA SEMAINE DERNIÈRE

6. arriver en retard à un rendez-vous _____
7. aller au cinéma _____
8. manger au restaurant _____

PENDANT LES DERNIÈRES VACANCES

9. partir en France _____
10. être malade _____
11. parler une langue étrangère _____
12. prendre le TGV _____
13. faire du sport _____
14. visiter un musée ou une exposition _____

Décrire la maison

Fiche d'activités 8

Photocopiez la fiche ci-dessous en double. Puis, découpez les cartes. Distribuez ces cartes dans le groupe (une carte par apprenant). Les apprenants se déplacent dans la salle. En décrivant le plan de la maison qu'ils voient sur leur carte, ils essaient de trouver la personne qui détient la même carte.

Variante : Les apprenants travaillent par deux. Chacun décrit le plan de sa maison à l'autre, qui essaie alors de le dessiner. Puis, on compare l'original à la reproduction.

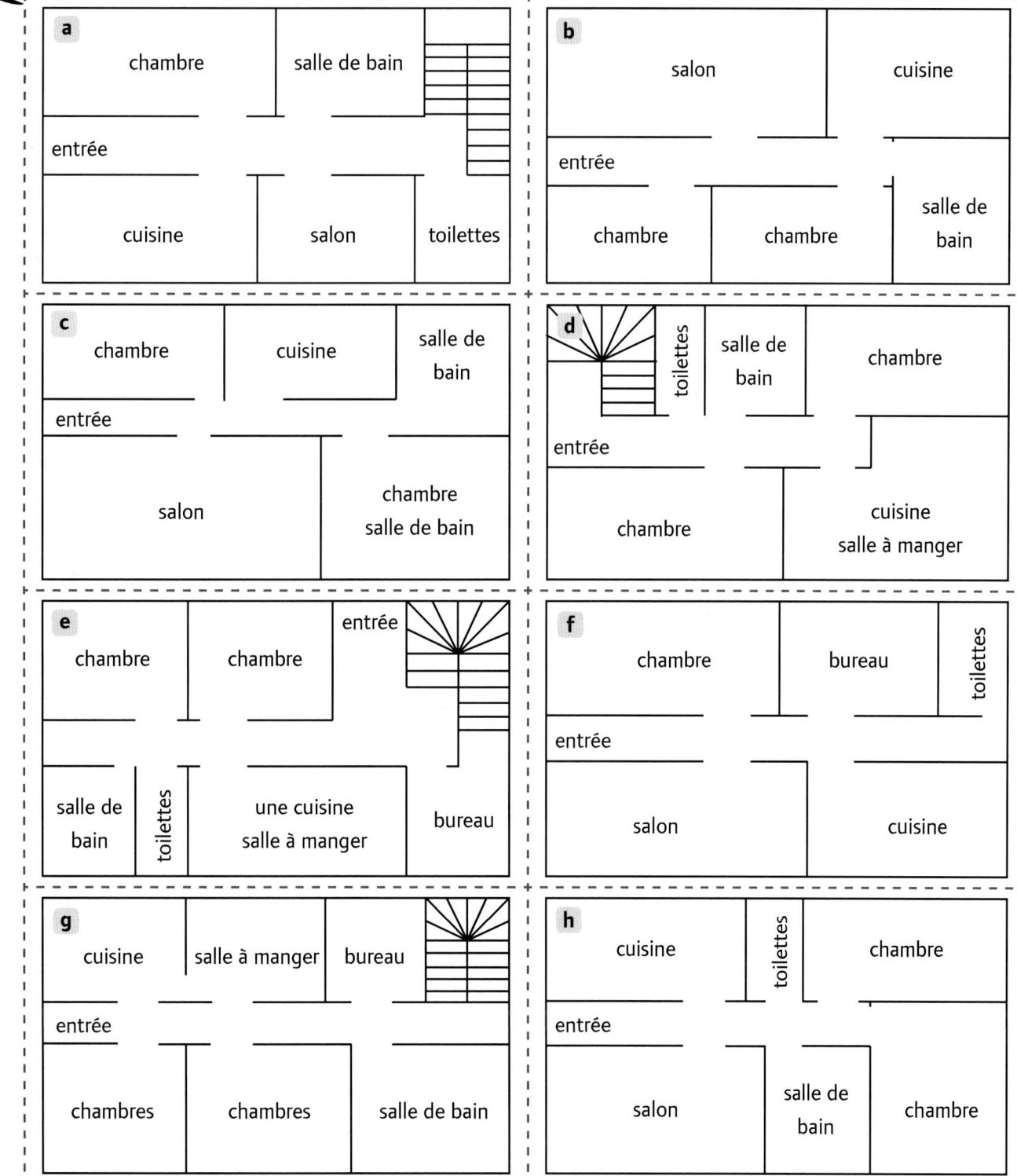

Raconter une histoire

Fiche d'activités 9

Photocopiez et découpez les images. Les apprenants forment des groupes de deux ou trois personnes. Distribuez un jeu par groupe. Il s'agit pour les groupes de trouver un ordre pour les images et de raconter une histoire.

À lire : la gastronomie française

Fiche d'activités 10

Photocopiez et distribuez la fiche avec les questions et le texte aux apprenants. Ils travaillent en petits groupes.

1 Lisez les questions et imaginez les réponses.

   a. Qu'est-ce qui fait de la gastronomie française quelque chose de particulier ?
   b. Quand les Français ont des invités, qu'est-ce qu'ils font pour rendre le repas agréable ?
   c. De quoi se compose un repas traditionnel français ?
   d. De quoi peuvent bien parler les Français à table ?

2 Lisez le texte et vérifiez.

> Depuis 2010, le repas gastronomique français est au Patrimoine de l'UNESCO. Pour les bonnes recettes de nos grand-mères françaises ? pour la qualité des vins du pays ? Non. L'UNESCO salue surtout les rituels autour de la table : un mélange de convivialité et de gastronomie qui rassemble les Français devant leurs assiettes.
>
> Les Français aiment se retrouver, bien boire, bien manger et célébrer un moment agréable de cette manière. C'est une partie de leurs traditions. On achète des bons produits, plutôt locaux, on réfléchit au vin qui va bien avec les plats, on prépare une belle table. Quand les amis sont là, on sort la nappe blanche, les petites et les grandes assiettes, les différents types de couteaux et de verres… L'esthétisme a son importance.
>
> Le repas gastronomique respecte un schéma particulier : il commence par un apéritif et se termine par un digestif, avec entre les deux une entrée, un plat principal (du poisson ou de la viande avec des légumes), du fromage et un dessert.
>
> Et les conversations ? Le plaisir de manger, c'est aussi le plaisir d'être et de discuter ensemble. On parle nourriture, mais aussi politique. Et surtout, on s'amuse. (Les blagues sont les bienvenues). Finalement, le repas peut durer des heures.

3 Quelles informations du texte sont nouvelles pour vous ?

4 Écrivez un petit texte sur les habitudes gastronomiques, dans votre pays (ou région) ou un autre pays. Lisez votre texte au groupe qui doit trouver de quel pays il s'agit.

Vêtements

Fiche d'activités 11

Photocopiez et découpez les cartes.

Vous pouvez utiliser le jeu comme un jeu de Mémory. Dans ce cas, les joueurs disposent les cartes sur la table, en cachant la face dessinée ou écrite. Chacun leur tour, les joueurs retournent deux cartes. L'objectif est de retourner deux cartes correspondantes (illustration = nom du vêtement). Dans ce cas, le joueur remporte les deux cartes et a le droit de rejouer. Le cas échéant, il passe la main au joueur suivant.

Vous pouvez utiliser seulement les dessins. Les apprenants travaillent par deux. A lance un dé et tire une carte. Le dé donne le pronom (1 = je, 2 = tu, 3 = il / elle / on ; 4 = nous ; 5 = vous ; 6 = ils / elles). A doit alors former une phrase avec la forme correspondante du verbe « mettre » et le nom du vêtement dessiné sur la carte. Il peut éventuellement ajouter une couleur. Puis, c'est au tour de B de jouer.

une jupe	des chaussures	un chemisier	un sac à dos
une robe	un T-shirt	un maillot de bain	un pyjama
un pantalon	un pull	une veste	un chapeau
un short	une chemise	un manteau	des chaussettes

À Paris

Fiche d'activités 12

Jeu récapitulatif – Règles du jeu :
Le jeu se joue à trois ou quatre joueurs. Il vous faut un dé et des pions (un pion par joueur). Placez les pions sur la case départ. Le but du jeu est d'arriver en premier sur la case arrivée. Le joueur A commence.
A lance un dé et avance du nombre de case. Il doit répondre à la question posée sur la case. S'il y parvient, il reste sur la case. Sinon, il retourne sur la case où il était avant.
Case RER : Vous allez loin ! Vous avez le droit de relancer les dés.
Case embouteillages : Vous passez un tour.

8	9	10	11	12
Quel temps fait-il aujourd'hui ?	Conjuguez le verbe *découvrir*.	Case embouteillage	Posez cinq questions à votre voisin(e) avec : où ? comment ? qu'est-ce que ? quand ? pourquoi ?	Dans le métro. À Montmartre. Votre voisin vous demande une destination. (plan p. 212)

7	28	29	30	13
Case RER	Lancez les dés. Citez autant de moyens de transports que le nombre de points sur le dé.	Parlez de vos deux saisons préférées.	Lancez les dés. Citez autant d'activités de vacances que le nombre de points sur le dé.	Case RER

6	27		31	14
Choisissez un monument de Paris et donnez trois informations.	Qu'est-ce que vous portez aujourd'hui ?	**arrivée**	Donnez cinq informations sur la Corse.	Lancez les dés. Citez autant de vêtements que le nombre de points sur le dé.

5	26	39	32	15
Conjuguez le verbe *mettre*.	Case RER	Dans le métro. Vous êtes à Bastille. Votre voisin vous demande une destination. (plan p. 212)	Choisissez un monument de Paris et donnez trois informations.	Lancez les dés. Citez autant d'attractions touristiques que le nombre de points sur le dé.

4	25	38	33	16
Case embouteillage	Comment dit-on : Gibst du ein Tringeld ?	Dites trois choses que vous allez faire pendant les prochaines vacances.	Vous commandez une viande. Elle peut être bien cuite, … ou … ?	Lancez les dés. Citez autant de plats que le nombre de points sur le dé.

3	24	37	34	17
Dites trois choses que vous n'allez pas faire pendant les prochaines vacances.	Conjuguez le verbe *attendre*.	Conjuguez le verbe *comprendre*.	Parlez d'un restaurant que vous aimez (carte, prix, service, ambiance).	Comment dit-on : Darf ich den Wein kosten ?

2	23	36	35	18
Donnez les couleurs du drapeau français.	Décrivez les vêtements de votre voisin(e).	case embouteillage	Comment dit-on : Gebe ich ihr das Wasser ?	Conjuguez le verbe *se présenter*.

1	22	21	20	19
Conjuguez le verbe *dire*.	Case embouteillage	Comment dit-on : Sage ich ihnen „guten Tag" ?	Case RER	Citez une œuvre (livre, film, chanson) sur Paris.

départ

Bienvenue à Paris !

Fiche vidéo 1

Pierre kommt in Paris an. Er besucht Pierre in seine crêperie.
Die verschiedenen Figuren begrüßen sich oder verabschieden sich.

1 Schauen Sie die Sequenz ohne Ton. Was passt zusammen? Verbinden Sie.

1. Sie begrüßen sich formell.
2. Sie verabschieden sich formell.
3. Sie begrüßen sich, wie zwei alten Freunden.

a. Pierre et Claude
b. Claude et M. Chaffaud
c. Camille et Claude

2 Schauen Sie mit Ton. Wer sagt was? Kreuzen Sie an. (Mehrere Antworten sind möglich.)

	Pierre	Claude	M. Chaffaud	Camille
Bienvenue à la crêperie.	☐	☐	☐	☐
Monsieur Bellec ? J'ai fini.	☐	☐	☐	☐
Prends place. Comment ça va ?	☐	☐	☐	☐
Ça va très bien, merci.	☐	☐	☐	☐
Enchanté(e)	☐	☐	☐	☐

3 Ergänzen Sie die Dialoge.

a. Pierre et Claude

Pierre : Bonjour _____.

_____ … Claude Bellec ?

Claude : Oui, c'est moi.

Pierre : Claude Bellec, de Bretagne ? De Quimper ?

Claude : Oui, oui, c'est ça. _____.

Pierre : _____ ! Je suis Pierre, Pierre Le Goff.

b. Claude et M. Chaffaud

M. Chaffaud : Monsieur Bellec ?

Claude : Oui ?

M. Chaffaud : J'ai fini. _____,

_____.

Claude : Au revoir et _____ !

M. Chaffaud : _____.

c. Camille et Claude

Claude : Ah, voilà Camille ! _____ Camille ! Tu vas bien ?

Camille : Salut Claude ! _____ ?

Claude : Super ! _____ Pierre. Il est de Quimper.

4 Kreuzen Sie an.

1. Pierre est ☐ le neveu ☐ le collègue d'Armelle.
2. M. Chaffaud est ☐ professeur de breton ☐ inspecteur des finances.
3. Claude trouve M. Chaffaud ☐ sympathique ☐ sérieux ☐ chic.

Une « crêpe maison »

Fiche vidéo 2

1 Pierre und Camille lernen sich kennen. Schauen Sie sich das Video an und konzentrieren Sie sich auf die Bestellung (bis Min 1:30). Ergänzen Sie dann die Lücken im Text.

Pierre demande : « Camille, _____ tu prends ? » Camille commande une « crêpe _____ » : c'est une crêpe _____-caramel. Pierre prend une crêpe chocolat-_____. Comme boisson, ils prennent une _____ de cidre. Camille et Pierre parlent un peu ensemble. Pierre apporte un cidre de Bretagne et des _____ pour l'apéritif. Les crêpes, c'est dans _____ petites minutes !

2 Schauen Sie die Szene noch einmal und kreuzen Sie an, welcher Name zu welcher Beschreibung passt.

	Pierre	Camille
Il / Elle est de Quimper.	☐	☐
Il / Elle est de Lyon.	☐	☐
Il / Elle est journaliste.	☐	☐
Il / Elle est designer.	☐	☐
Il / Elle voyage beaucoup.	☐	☐
Il / Elle adore l'allemand.	☐	☐

3 Ergänzen Sie die Lücken mit den passenden Formen der Verben in Klammern.

Camille (être) _____ une amie de Claude. Claude (présenter) _____ Pierre à Camille. Claude et Pierre (être) _____ de Bretagne, de Quimper. Ils (travailler) _____ à Paris : Claude à la crêperie, et Pierre dans un magazine, comme journaliste. Pierre (parler) _____ quatre langues : le français, l'anglais, l'allemand, l'espagnol. Camille (adorer) _____ l'allemand. Elle (travailler) _____ comme designer dans une entreprise de parfum. C' (être) _____ un travail créatif et les collègues (être) _____ sympas.

4 Finden Sie heraus, wer was sagt.

	Camille	Pierre	Claude
1. Mmmmh, miam !	☐	☐	☐
2. C'est noté.	☐	☐	☐
3. C'est parti !	☐	☐	☐
4 Voilà, voilà ! Voilà le cidre.	☐	☐	☐
5. Tu es un amour.	☐	☐	☐
6. C'est vraiment gentil.	☐	☐	☐

Fiche vidéo 2 – Unité 2

Tête-à-tête…?

Fiche vidéo 3

1 a Schauen Sie sich die gesamte Szene an. Ergänzen Sie dann die fehlenden Artikel im Text. Ergänzen Sie bei den Nomen, falls nötig, das Plural-s.

Camille aime _____ thé___, _____ jasmin___, _____ fleur___ d'oranger. Elle aime _____ parfum___.

Claude aime aussi _____ nature___. Mais il habite à Paris! Il adore _____ magasin___, _____ métro___ et _____ tour Eiffel. Il déteste _____ chien___ dans la ville, il déteste _____ voiture___, _____ pollution___.

Et Pierre? Pierre aime _____ musique___ classique___ et _____ opéra___. Il aime _____ roman___ policier___, et _____ littérature___ en général. Il aime _____ cinéma___ et _____ voyage___.

1 b Ordnen Sie den Oberbegriffen der Tabelle passende Wörter aus der Übung 1 a zu.

Nature, herbes et parfums:	
Ville:	
Art et culture:	

2 Ergänzen Sie die Sätze mit den passenden Adjektiven und gleichen Sie sie an.

> paradoxal • grand • policier • blond • sympa • même • amoureux • romantique • classique

Camille est une fille _____, _____ et _____. Elle est _____: elle aime les fleurs et les parfums.

Claude est _____: il aime la nature, mais il habite Paris!

Pierre est _____ de Camille. Tous les deux, ils ont les _____ goûts. Comme Camille, Pierre aime la musique _____ et les romans _____.

3 a Schauen Sie das Video noch einmal an und beantworten Sie folgende Fragen:

– Pierre und Camille mögen Opern. Welches Oper gefällt ihnen besonders?
– Claude hat zwei „Lieben", welche? Um welche Sängerin geht es am Ende der Szene?

Pause-café

Fiche vidéo 4

1 Schauen Sie die Sequenz bis zur Minute 0:41 und ergänzen Sie den Dialog.

Marco : _____ tout le monde !

Collègues : _____ Marco !

Marco : Salut. _____ Marco.

Pierre : Bonjour. _____ Pierre.

Marco : Pierre Le Goff, c'est ça ? Le collègue de Bretagne ?

Pierre : C'est ça.

Marco : _____ au magazine ! _____ pour la rubrique ‹ art et culture ›.

Pierre : ‹ Art et culture › ?

Marco : Oui. On _____ un café ?

Pierre : Oui, pourquoi pas ? _____ il est ?

Marco : Dix heures trente : c'est l'heure de _____.

2 Sehen Sie dann das Video bis zum Ende. Kreuzen Sie die richtige Antwort an.

1. À la pause, Pierre prend ☐ un cappuccino ☐ un thé ☐ un café.
2. Pierre ☐ aime ☐ n'aime pas Paris
3. Le matin, il a ☐ 30 ☐ 40 ☐ 50 minutes de métro.
4. Marco habite à ☐ 10 ☐ 15 ☐ 20 minutes du magazine.
5. Le soir, Pierre ☐ regarde la télé ☐ téléphone à des amis ☐ va au restaurant.
6. Demain, il va ☐ au restaurant ☐ au cinéma avec Marco.
7. Ils ont rendez-vous ☐ au métro Bastille ☐ à la pharmacie ☐ devant le bureau.

3 Ergänzen Sie die Zusammenfassung mit folgenden Adjektiven :

> petite • stressant • breton • magnifique • marrant • fatigants

Pierre est _____. Il a un collègue _____, Marco. Ensemble, ils font une _____ pause pour discuter. Pierre adore Paris : c'est une ville _____. Mais pour lui, le rythme est _____. Pour Marco, les horaires ne sont pas _____ : il habite à dix minutes du travail.

À samedi ?

Fiche vidéo 5

1 Schauen Sie die Sequenz bis zur Minute 1:32. Lesen Sie dann die Zusammenfassung und ergänzen Sie sie.

Camille et Marion sont au parc du Luxembourg. Il est midi. Les deux amies parlent ensemble. Camille demande : « Qu'est-ce que tu fais _____ ? On va à la _____ ? » Mais pour Marion, ce n'est pas possible car elle va à un cours de _____ suédoise. Elle propose un rendez-vous à Camille samedi, au _____, à _____. Dans le parc, un enfant s'amuse avec un ballon. Marion, elle, déteste _____.

2 Sehen Sie dann das Video bis zum Ende. Antworten Sie auf die Fragen.

1. Quel jour est-ce que Camille est allée à la crêperie ?
2. De qui est-ce que Camille est amoureuse ?
3. Comment est-ce que Camille trouve Pierre ? *(2 adjectifs)*
4. Aller manger au restaurant : Comment est-ce que Camille trouve l'idée ?
5. *Les enfants du paradis* : c'est quel genre de film ?

3 Ergänzen Sie die Sätze mit den Verben *préférer, aller, prendre, avoir, faire* (2 x), *être*.

1. C'est la pause de midi. Les deux amies _____ le temps de discuter un peu.
2. Marion _____ au club de fitness samedi parce qu'elle _____ de la gym suédoise.
3. Camille ne _____ pas de gym. Elle _____ les sports de plein air.
4. Camille _____ amoureuse. Marion _____ une idée : inviter Pierre au restaurant.

4 Finden Sie die fehlenden Wörter. Entdecken Sie dann anhand der farbig markierten Buchstaben, was Camille bewegt.

1. La gymnastique suédoise, c'est ⬜⬛⬜⬜⬜⬜⬜.
2. Mais, c'est vraiment ⬛⬜⬜⬜⬜⬜.
3. Le kayak à Paris, Marion trouve ça ⬛⬜⬜⬜⬜⬜⬜⬜.
4. Camille n'a pas le ⬜⬛⬜⬜⬜⬜ de téléphone de Pierre.
5. Elle ⬜⬜⬛⬜⬜ Jean-Louis Barrault, l'acteur du film *Les Enfants du Paradis*.

Lösung : ⬜⬜⬜⬜⬜

Et avec ça ?

Fiche vidéo 6

1 Schauen Sie sich die Szene an. Kreuzen Sie die richtige Antwort an.

1. Pierre fait les courses. Il achète ☐ très peu ☐ beaucoup de choses.
2. Les gels douche sont au rayon ☐ hygiène ☐ pharmacie.
3. Il prend des galettes ☐ industrielles ☐ artisanales.
4. Pierre organise un dîner ☐ pour des collègues ☐ Camille.
5. Malika a une idée pour ☐ l'entrée ☐ le dessert.

2 Wer sagt was? Kreuzen Sie an und überprüfen Sie mit dem Video.

	Pierre	Malika
1. Je n'ai pas trouvé les gels douche.	☐	☐
2. Le bon parfum du sud et de la Provence. Très bon choix !	☐	☐
3. Vous n'avez rien oublié ?	☐	☐
4. Je suis de Bretagne.	☐	☐
5. Elles sont très bonnes, ces galettes !	☐	☐
6. C'est simple, bon marché, et c'est délicieux.	☐	☐

3 Schreiben Sie die Namen von :

– une spécialité bretonne : _____

– une spécialité marocaine : _____

4 Ergänzen Sie den Text mit den passenden Artikeln.

Pierre achète quatre pots _____ yaourts, _____ camembert, _____ salade, _____ beurre salé. Il prend aussi _____ galettes : les galettes, avec _____ jambon, _____ œufs et un peu _____ fromage, c'est très bon ! Pour le dessert, il achète _____ petits gâteaux marocains et une salade orientale avec _____ citrons, _____ oranges et _____ miel.

Perdu à Paris...

Fiche vidéo 7

1 Regardez la vidéo et complétez le résumé.

Pierre demande son chemin pour aller au _____.

Il a rendez-vous avec Camille à _____ heures pour voir le film

_____. Quand il arrive, il est _____. Le film a déjà

_____. Camille et lui vont alors prendre _____.

2 Observez les photos et reliez chaque phrase à un personnage.

a. b. c. d.

1. ☐
« Je ne sais pas.
Continuez à chercher. »

2. ☐
« Quel film vous allez
voir ? »

3. ☐
« Je n'ai pas le temps. »

4. ☐
« Pourquoi vous ne
prenez pas le métro ?
C'est à une station. »

3 Regardez une fois encore la vidéo et complétez les descriptions de chemins.

1. Pierre : Excusez moi Monsieur, _____ au cinéma Champo ?

   Le passant : Alors, c'est simple. Vous prenez le boulevard Saint-Germain, là _____. Vous allez

   _____ et vous prenez _____, dans la rue Thénard.

2. Pierre : Pardon Monsieur, je cherche _____.

   Le passant : Oui. Vous prenez le boulevard Saint-Germain et vous allez _____.

   Là, vous tournez _____ et vous passez _____ l'université. Ensuite, vous allez tout

   droit et vous arrivez _____.

   Pierre : C'est _____ ? Parce que j'ai rendez-vous à 20 heures.

3. Pierre : Pardon Madame, je cherche la rue des Écoles.

   La passante : La rue des Écoles ? Je _____. Je suis désolée, je _____.

Visite d'un appartement

Fiche vidéo 8

1 **Regardez et écoutez la séquence. Complétez le résumé avec le nom des pièces de l'appartement.**

La visite commence avec la **1** _____. Mais avant, Madame Martin, de l'agence Immotop, montre les **2** _____ à Pierre. Ensuite, ils passent au **3** _____. Puis, Madame Martin ouvre la porte du **4** _____ : de là, la vue sur Paris est magnifique. Pierre est content. Madame Martin propose de continuer avec la visite de la **5** _____, et enfin, de la **6** _____. À la fin, Pierre découvre aussi le coin **7** _____, très pratique pour travailler.

2 **Reliez le nom des pièces avec les commentaires correspondants de Pierre et Madame Martin. (Attention : plusieurs réponses possibles)**

C'est…

1. la cuisine
2. le salon
3. le balcon
4. la salle de bain
5. la chambre

a. rénové
b. super !
c. un peu petit
d. fonctionnel
e. rose
f. très clair

3 **Cochez vrai ou faux.**

	vrai	faux
1. Pour entrer, le code de l'appartement est 60 283.	☐	☐
2. L'appartement est au 5ᵉ étage, à droite.	☐	☐
3. Le locataire actuel quitte l'appartement dans deux semaines.	☐	☐
4. Le balcon est parfait pour un tête-à-tête.	☐	☐
5. C'est trop petit pour des invités.	☐	☐
6. Le coin bureau n'intéresse pas Pierre.	☐	☐
7. Pierre confirme tout de suite qu'il est intéressé.	☐	☐
8. Il téléphone bientôt à Mme Martin.	☐	☐

En direct de Dijon

Fiche vidéo 9

1 Regardez et écoutez jusqu'à la minute 1:14. Imaginez ce que Camille dit au téléphone à Pierre.

Pierre : Allô ?

Camille : 1 _____

Pierre : Ah ! Salut Camille !

Camille : 2 _____

Pierre : Un pique-nique ? Dimanche ?

Camille : 3 _____

Pierre : Très bonne idée !

Camille : 4 _____

Pierre : D'accord. Camille, je te laisse, je suis à Dijon pour le travail.

Camille : 5 _____

Pierre : C'est ça. À dimanche. Salut !

2 Regardez et écoutez la première personne interviewée (de la minute 1:15 à la minute 2:04). Cochez la bonne réponse.

1. Il pense que le service dans les hôtels est ☐ bon ☐ mauvais.
2. Il a pris un petit-déjeuner ☐ continental ☐ express.
3. En Belgique, pour « petit déjeuner » on dit ☐ mini-déjeuner ☐ simplement déjeuner.

3 Regardez et écoutez la deuxième personne (de la minute 1:16 à la minute 3:19). Répondez aux questions.

1. Comment trouve-t-il l'hôtel dans lequel il a dormi ?
2. Quels sont les trois exemples qu'il donne ?
3. Quels sont les trois aspects positifs de son hôtel ?

4 Écoutez la troisième personne (de la minute 3:20 jusqu'à la fin). Cochez le résumé exact.

a. ☐ Elle préfère partager un matelas et une couette avec son ami, comme dans les hôtels français.
b. ☐ Elle préfère dormir seule sur son matelas et sous sa couette, comme dans les hôtels allemands.

132 Fiche vidéo 9 – Unité 9

Un pique-nique

Fiche vidéo 10

1 Regardez la séquence sans le son. Retrouvez l'ordre des actions.

1. ☐ Claude donne un couteau à Camille.
2. ☐ Les deux amies regardent les garçons et font des commentaires.
3. ☐ Pierre invite Camille au cinéma.
4. ☐ Marion arrive et fait la bise à Camille.
5. ☐ Marion sert la salade.
6. ☐ Claude propose du gâteau (du far breton) à Marco.
7. ☐ Tout le monde rit de Claude et de son far breton.
8. ☐ Marco sert du vin aux filles.

2 Regardez la séquence avec le son. Complétez le résumé avec les verbes suivants, à la forme correcte.

> apporter • goûter • préférer • grossir • servir • mettre • se retrouver • s'amuser

Les amis **1** _____ le dimanche au parc, pour un pique-nique. Claude **2** _____ un far breton. Marco veut bien **3** _____ le far breton, mais pour le dessert seulement. Il **4** _____ du vin à tout le monde. Marion, elle, est venue avec une salade niçoise. Dans sa salade, elle **5** _____ du riz, des œufs, des tomates, du thon et des poivrons. Elle ne veut pas de gâteau parce qu'elle **6** _____, ces derniers temps. Elle **7** _____ un fruit. Les amis discutent et **8** _____ beaucoup.

3 Reliez une question et une réponse. Regardez la séquence pour vérifier.

1. Un far breton ? Qu'est-ce que c'est ?
2. « Vous » ? On se dit « tu », non ?
3. Je te sers ou pas ?
4. On va au cinéma samedi après-midi ?

a. Juste un tout petit peu.
b. D'accord. C'est à quelle heure ?
c. Un gâteau typique de la Bretagne.
d. D'accord. Alors, tu veux goûter ?

4 Pierre demande régulièrement : « Qui veut du far breton ». Qui répond quoi ? Cochez.

	Camille	Pierre	Marion	Marco
1. Volontiers oui. Mais pas tout de suite.	☐	☐	☐	☐
2. Non merci. Je vais prendre un fruit.	☐	☐	☐	☐
3. Oh là là, ça fait beaucoup pour moi tout seul.	☐	☐	☐	☐

Une catastrophe…?

Fiche vidéo 11

1 Regardez la séquence jusqu'à la minute 0:10 et répondez aux questions.

1. Avec qui Camille a-t-elle rendez-vous ? quand ? pour quoi faire ?
2. Quelles sont les deux phrases qu'elle répète deux fois ?
3. Pourquoi n'est-elle pas contente ?

2 a Regardez la séquence de la minute 0:10 jusqu'à la minute 2:22. Cochez les noms de vêtements que vous entendez. Reliez-les aux qualificatifs correspondants. (Attention, il y a plusieurs possibilités.)

1. ☐ une veste
2. ☐ une robe
3. ☐ un pull
4. ☐ un pantalon
5. ☐ un chemisier
6. ☐ un jean

a. Il / Elle est beaucoup trop chic.
b. Il / Elle est beau / belle, élégant(e).
c. Sa couleur est dynamique, joyeuse.
d. Il / Elle est classe, il / elle fait sérieux.
e. Il / Elle ne va pas avec le pantalon.

2 b Complétez les phrases avec le nom du vêtement correspondant et accordez l'adjectif si nécessaire.

1. _____ est bleu____.
2. _____ est gris____.
3. _____ est noir____.
4. _____ est blan____.

3 Regardez la fin de la séquence. Répondez aux questions :

1. Camille a des chaussures de quelle couleur ? _____, _____, _____.
2. Quelle couleur elle n'a pas ? _____.
3. Finalement, quels vêtements Marion lui propose de mettre ? _____, _____, _____.
4. Quel accessoire doit-elle prendre ? _____
5. Qu'est-ce qu'elles vont faire ? _____

Quel programme !

Fiche vidéo 12

1 Regardez le début de la séquence (jusqu'à la minute 0:49). Répondez.

   a. Où habite Marco ?
   b. Quel est le thème de l'article qu'il écrit.

2 Regardez la suite de la séquence (de la minute 0:50 à la minute 1:50). Parmi les lieux ou monuments ci-dessous, quels sont les deux que Marco ne cite pas ?

   1. ⬚ L'Assemblée nationale
   2. ⬚ Le pont Neuf
   3. ⬚ L'île Saint-Louis.
   4. ⬚ Notre-Dame de Paris
   5. ⬚ L'Arc de triomphe
   6. ⬚ Le palais de la Cité
   7. ⬚ Les Champs-Élysées
   8. ⬚ L'Institut du monde arabe

3 Écoutez les explications de Marco sur le palais de la Cité (minute 1:18 à 1:27) et complétez.

C'était **1** _____, du Xe au XVe siècle. Et plus tard, pendant **2** _____, c'était une prison. Aujourd'hui c'est **3** _____.

4 Lisez les descriptions ci-dessous et devinez à quel lieu ou monument de l'exercice 2 elles correspondent. (Si vous voulez, vous pouvez aussi vérifier rapidement sur Internet.)

   a. C'est une fondation qui a pour objectif de faire connaître la culture arabe.
   b. C'est une cathédrale très célèbre et importante historiquement pour la France.
   c. Avec le Sénat, elle forme le Parlement de la République Française.
   d. C'est une île sur la Seine, en plein cœur de Paris.
   e. Son nom ne le dit pas, mais c'est le pont le plus vieux de Paris !

5 Regardez la fin de la séquence (de la minute 1:50 à la fin). Cochez la bonne réponse.

Pour aller à l'Institut du monde arabe, Marco propose à Camille de prendre
⬚ le bus   ⬚ le métro   ⬚ le bateau   ⬚ d'aller à pied.

Transcriptions des vidéos

1 Bienvenue à Paris !

Pierre : Crêperie La Quimperoise, rue Montparnasse.
Pierre : Bonjour Monsieur. Vous êtes… Claude Bellec ?
Claude : Oui, c'est moi.
Pierre : Claude Bellec, de Bretagne ? De Quimper ?
Claude : Oui, oui, c'est ça. Je suis de Quimper.
Pierre : Enchanté ! Je suis Pierre, Pierre Le Goff.
Claude : Pierre… Le Goff ?
Pierre : Je suis le neveu d'Armelle.
Claude : Ah, ça alors ! Pierre Legoff, le neveu d'Armelle ! Salut, Pierre !
Claude : Bienvenue à Paris !
Pierre : Merci.
Claude : Et bienvenue à la crêperie !
Pierre : Merci.
M. Chaffaud : Monsieur Bellec ?
Claude : Oui ?
M. Chaffaud : J'ai fini. Au revoir, Monsieur.
Claude : Au revoir et à bientôt !
M. Chaffaud : Bonne journée.
Pierre : C'est qui ?
Claude : C'est Monsieur Chaffaud. L'inspecteur des finances. Très sympathique, Monsieur Chaffaud. Sérieux et très sympathique.
Claude : Pierre, prends place. Comment ça va ?
Pierre : Ça va très bien, merci.
Claude : Ah, voilà Camille ! Salut Camille ! Tu vas bien ?
Camille : Salut Claude ! Ça va, et toi ?
Claude : Super ! Je te présente Pierre. Il est de Quimper.
Camille : Enchantée.
Pierre : Enchanté.
Claude : Camille, Pierre, une crêpe ?
Camille : Allez, une crêpe !

2 Une « crêpe maison »

Claude : Camille, qu'est-ce que tu prends ?
Camille : Qu'est-ce que c'est la « crêpe maison » ?
Claude : La crêpe maison, c'est nouveau. C'est une crêpe orange-caramel.
Camille : Mmmh, miam ! Je prends ça. Une crêpe maison.
Claude : Et toi, Pierre ?
Pierre : Je voudrais une crêpe chocolat-banane, s'il te plaît.
Claude : Une crêpe maison, une crêpe chocolat-banane, c'est noté ! Et comme boisson ?
Pierre : On prend une bouteille de cidre ?
Camille : Bonne idée.
Claude : Une crêpe maison, une crêpe chocolat-banane et une bouteille de cidre. C'est parti !
Camille : Alors, tu es de Quimper, c'est ça ?
Pierre : Oui, je suis de Quimper. Et toi, tu es d'où ?
Camille : Je suis de Lyon. Mais je travaille ici, à Paris.
Pierre : Ah oui ?
Camille : Oui. Je suis designer. Je travaille dans une entreprise de parfums.
Pierre : C'est intéressant ?
Camille : Oh oui, j'adore ! C'est un travail créatif. Et puis, les collègues sont sympas.
Claude : Voilà, voilà ! Voilà le cidre. C'est un cidre de Bretagne, du Finistère.
Camille et Pierre : Merci !
Claude : Et des cacahuètes pour l'apéritif. Les crêpes, c'est dans cinq petites minutes !
Camille : Merci Claude, tu es un amour !
Camille : Et toi aussi Pierre, tu travailles à Paris ?
Pierre : Oui et non. Je suis journaliste. Je travaille pour un magazine spécialisé dans le tourisme. Je suis à Paris pour un projet.
Camille : Un magazine spécialisé dans le tourisme ? Alors, tu voyages beaucoup, non ? Quelles langues tu parles ?
Pierre : Je parle anglais, couramment. Je parle aussi allemand et un peu espagnol.

Camille : Allemand ?
Pierre : Oui.
Camille : J'adore l'allemand ! Comment on dit « j'adore la Bretagne », en allemand ?
Pierre : Ich liebe die Bretagne !

Claude : Messieurs-dames, voilà les crêpes ! Une crêpe maison pour Madame, une chocolat-banane pour Monsieur.
Pierre : Merci Claude, c'est vraiment gentil.
Claude : Bon appétit !

3 Tête-à-tête… ?

Claude : Les enfants, un petit café ?
Pierre : Oh oui, un café s'il te plaît !
Camille : Pour moi non, merci.
Pierre : Tu n'aimes pas le café ?
Camille : Pas vraiment. J'aime bien le thé. Le jasmin. La fleur d'oranger.
Claude : C'est ton côté romantique. Tu aimes les fleurs, les parfums.
Camille : Pas toi ?
Claude : Si, moi aussi. J'aime la nature.
Pierre : Tu aimes la nature mais tu habites à Paris ! C'est un paradoxe.
Claude : Oui, mais Paris, Paris… Paris, c'est Paris ! J'adore les magasins, le métro. J'aime la tour Eiffel, Notre-Dame, l'Arc de triomphe. Mais je déteste les chiens dans la ville, je déteste les voitures, je déteste la pollution, je déteste…
Camille : Et toi, Pierre, qu'est-ce que tu aimes ?
Pierre : J'aime bien la musique. La musique classique.
Camille : L'opéra ?
Pierre : J'aime beaucoup Bizet. « L'amour est enfant de bohème… »
Ensemble : la, la, la, la, la !
Camille : Moi aussi, j'adore. On a les mêmes goûts… Tu aimes les romans policiers ?
Pierre : Les romans policiers ? Oui, c'est pas mal. J'aime la littérature en général.
Camille : Le cinéma ?
Pierre : Le cinéma, oui. Et les voyages.
Camille : Comme moi ! Exactement comme moi ! C'est génial !
Pierre : Super…
Camille : Fantastique…
Pierre : Et les tête-à-tête au restaurant ? Tu aimes les tête-à-tête, en amoureux, au restaurant ?
Camille : Je trouve ça… je trouve ça… vraiment bien. Oh, Pierre…
Camille : Pierre ? Pierre ? Pierre ? Ça va ?
Claude : Pierre ? Tu es là ? Tu es avec nous ?
Pierre : Pardon. Je… Qu'est-ce qu'il y a ? Qu'est-ce que vous dites ?
Claude : Je dis que j'adore Paris, mais pas seulement. Je suis comme Joséphine Baker, la chanteuse : j'ai deux amours, la Bretagne et Paris !

4 Pause-café

Marco : Salut tout le monde !
Quelques collègues : Salut Marco !
Marco : Salut. Je suis Marco.
Pierre : Bonjour. Moi, c'est Pierre.
Marco : Pierre Le Goff, c'est ça ? Le collègue de Bretagne ?
Pierre : C'est ça.
Marco : Bienvenue au magazine ! Je travaille pour la rubrique ‹ art et culture ›.
Pierre : ‹ Art et culture › ?
Marco : Oui. On prend un café ?
Pierre : Oui, pourquoi pas ? Quelle heure il est ?
Marco : Dix heures trente : c'est l'heure de la pause.
Marco : Qu'est-ce que tu prends ? Café ? Cappuccino ? Thé ?
Pierre : Un café noir, s'il te plaît.
Marco : Alors, tu aimes Paris ?
Pierre : Oui, c'est une ville magnifique.

Marco : Tiens.
Pierre : Merci.
Pierre : Mais les rythmes sont stressants. Je prends le petit-déjeuner à sept heures…
Marco : Oh là là ! Sept heures ?! Tu commences tôt !
Pierre : À sept heures et quart, je prends une douche. À sept heures et demie, je pars au travail. J'ai cinquante minutes de métro.
Marco : Cinquante minutes de métro ?! Tu arrives au travail à quelle heure ?
Pierre : J'arrive au travail à huit heures vingt.
Marco : Eh ben !
Pierre : Et toi ? Tu as aussi des horaires fatigants ?
Marco : Ça va. J'habite à dix minutes du magazine. Je prends le bus vers dix heures et j'arrive au travail vers dix heures et quart.
Pierre : Tu prends le temps de vivre, quoi !
Marco : Oui, c'est vrai ! Ah, onze heures moins vingt. On y va ?
Marco : Et le soir, qu'est-ce que tu fais ?
Pierre : Rien de spécial. Je regarde la télé. Je n'ai pas encore beaucoup d'amis à Paris.
Marco : Vraiment ? Écoute, demain soir, on va au restaurant. D'accord ? Rendez-vous à huit heures moins le quart au métro Bastille.
Pierre : Huit heures moins le quart, parfait !

5 À samedi ?

Camille : Qu'est-ce que tu fais samedi matin ? On va à la piscine ?
Marion : Samedi matin ? Ah non, ce n'est pas possible. Je vais à mon cours de gymnastique suédoise.
Camille : Qu'est-ce que c'est la gymnastique suédoise ?
Marion : C'est une gymnastique un peu spéciale. C'est très fatigant, mais c'est vraiment marrant. Regarde : là, c'est moi !
Camille : Oh là là ! Mais pourquoi tu fais ça ?
Marion : Parce que j'aime ça. Je trouve que ça fait du bien. Tu viens avec moi samedi ?
Camille : Samedi ?
Marion : Rendez-vous au club de fitness à dix heures. D'accord ?
Camille : Non merci. J'ai d'autres choses à faire. Et puis moi, je préfère les sports de plein air. La randonnée, la voile, le kayak…
Marion : Oui, enfin, ma chérie, le kayak à Paris, excuse-moi, mais… c'est original !
Marion : Oh ! Pas de problème !
Marion : Ah, je déteste le foot. Et Claude, il va bien ?
Camille : Mmm… Ça va…
Marion : Qu'est-ce qu'il y a ? Qu'est-ce que tu as ?
Camille : Ben…
Marion : Tu es amoureuse ? Non ? Tu n'es pas amoureuse de Claude ?
Camille : De Claude ?? Mais non… Mais non, je ne suis pas amoureuse de Claude !
Marion : Mais de qui ?
Camille : Voilà… Je suis allée à la crêperie, vendredi après-midi, pour discuter un peu avec Claude.
Marion : Et alors ?
Camille : Claude a un ami… Pierre.
Marion : Ah, ah… Sympa ?
Camille : Très sympa.
Marion : Charmant ?
Camille : Vraiment charmant !
Marion : Et donc ?
Camille : Quoi ?
Marion : Quand est-ce que tu rencontres Pierre ?
Camille : Je ne sais pas.
Marion : Comment ça, tu ne sais pas ? Tu as son numéro de téléphone ?
Camille : Oui.
Marion : Eh ben, c'est pas compliqué, ma chérie : tu téléphones à Pierre et vous allez manger ensemble au restaurant.
Camille : Au restaurant ? Oh non, trop romantique !
Marion : Et un cinéma ? Il y a un vieux film à l'affiche en ce moment. Un film avec Jean-Louis Barrault

Camille : J'adore Jean-Louis Barrault. C'est quel film ?
Marion : *Les Enfants du paradis*. Un film d'amour, parfait pour toi ! Et après le film, tu prends un verre avec Pierre. Et là, à lui de jouer !
Camille : Bonne idée. Bon, il est quelle heure ? Oh, une heure dix !
Marion : Salut, ma chérie.
Camille : Salut, Marion !
Marion : Bisous et bon cinéma !

6 Et avec ça ?

Malika : Bonjour ! Comment ça va, aujourd'hui ?
Pierre : Ça va bien, merci. Dites, je n'ai pas trouvé les gels douche.
Malika : Les gels douche ? Vous avez bien regardé au rayon hygiène ?
Pierre : Je crois, oui.
Malika : Une minute.
Malika : C'est ici ! Gel douche dynamisant au ginseng, gel douche à l'huile d'olive bio, gel douche à la lavande. Alors, qu'est-ce que vous préférez ?
Pierre : Je prends la lavande !
Malika : Mmmh, le bon parfum du sud et de la Provence. Très bon choix !
Malika : C'est bon ? Vous n'avez rien oublié ?
Pierre : Non. Enfin, j'espère que non.
Malika : Alors, quatre yaourts, le camembert, la salade, le beurre. Ah, vous prenez du beurre salé, vous ?
Pierre : Bien sûr, je suis de Bretagne !
Malika : Ah, les Bretons ! Et des galettes. Mais, vous achetez des galettes industrielles ? ! Mais, c'est un scandale, pour un Breton !
Pierre : Elles sont très bonnes, ces galettes ! Avec du jambon, un œuf, un peu de fromage…
Malika : C'est vrai. Elles sont très bonnes ces galettes. D'ailleurs, tous les produits de mon épicerie sont très bons.
Malika : Vous achetez beaucoup aujourd'hui. Vous avez des invités ?
Pierre : Je voudrais organiser un petit dîner pour des collègues.
Malika : Qu'est-ce que vous cuisinez ?
Pierre : En entrée, une salade. Ensuite, des galettes. Et pour le dessert, je ne sais pas encore.
Malika : Pourquoi pas des chebakias ?
Pierre : Des choubakas ?
Malika : Des chebakias ! Ce sont des gâteaux marocains. Ils sont au rayon pâtisserie. Et avec ça, une petite salade de fruits orientale avec des citrons, des oranges et du miel. C'est simple, c'est bon marché et c'est dé-li-cieux.
Pierre : Très bien. Je vais chercher des ‹chéééé… cheuuu›.
Malika : Des chebakias !

7 Perdu à Paris…

Pierre : Oh non ! Plus de batterie !
Pierre : Pardon Madame, je cherche le cinéma…
Passante 1 : J'ai pas le temps !
Pierre : Excusez-moi Monsieur, pour aller au cinéma Champo ?
Passant 2 : Pardon ? Le cinéma Chapeau ?
Pierre : Champo. Au cinéma Champo.
Passant 2 : Ah oui, alors, c'est simple. Vous prenez le boulevard Saint-Germain, là, devant. Vous allez tout droit et vous prenez à gauche, dans la rue Thénard.
Pierre : Très bien. Tout droit et ensuite à gauche, rue Thénard.
Passant 2 : Non, non, non ! Pardon. Vous prenez à droite, dans la rue Thénard… Écoutez, c'est peut-être la rue Saint-Jacques. Je ne sais pas. Continuez à chercher.
Pierre : Merci.

Pierre : Pardon Monsieur. Je cherche la rue des Écoles.

Passant 3 : La rue des Écoles, la rue des Écoles… Oui ! Vous prenez le boulevard Saint-Germain et vous allez jusqu'au premier carrefour. Là, vous tournez à droite et vous passez devant l'université. Ensuite, vous allez tout droit et vous arrivez sur une petite place. C'est à droite.

Pierre : C'est loin ? Parce que j'ai rendez-vous au cinéma à vingt heures.

Passant 3 : Il est vingt heures ! Pourquoi vous ne prenez pas le métro ? C'est à une station seulement.

Pierre : Le métro ? Où est la station de métro ?

Passant 3 : C'est par là. Vous allez tout droit. Et puis à gauche, et encore à gauche, et puis à droite. Vous traversez…

Pierre : Ça va, ça va, merci !

Pierre : Pardon Madame, je cherche la rue des Écoles.

Passante 4 : La rue des Écoles ? Je ne sais pas. Je suis désolée, je ne suis pas d'ici. Mais qu'est-ce qu'il y a dans la rue des Écoles ?

Pierre : Il y a le cinéma Champo. En fait, je cherche le cinéma.

Passante 4 : Ah d'accord. Et quel film vous allez voir ?

Pierre : Un vieux film avec Jean Louis Barrault et Arletty. Le titre, c'est… *Le Paradis*… zut, j'ai oublié !

Passante 4 : *Les enfants du paradis* ! Je connais ce film. C'est super ! Vous aimez Jean-Louis Barrault ?

Pierre : Non. Enfin… oui… je ne sais pas ! C'est où ?

Passante 4 : C'est là !

Pierre : Merci !

Pierre : Salut Camille. Désolé, je suis en retard.

Camille : Oui, c'est dommage. Le film a déjà commencé.

Pierre : Qu'est-ce qu'on fait ?

Camille : On va prendre un verre ?

Pierre : D'accord.

8 Visite d'un appartement

Pierre : Bonjour, c'est Pierre Le Goff. J'ai rendez-vous pour visiter l'appartement.

Mme Martin : Bonjour Monsieur Le Goff. C'est au sixième étage, à droite.

Pierre : Merci.

Mme Martin : Madame Martin, de l'agence Immotop. Enchantée.

Pierre : Enchanté.

Mme Martin : Vous allez voir, c'est un appartement magnifique. Entrez.

Mme Martin : On commence avec la cuisine ? Venez, c'est par là.

Mme Martin : Les toilettes sont ici.

Pierre : C'est bien. C'est fonctionnel.

Mme Martin : Oui. L'appartement a tout le confort moderne. La cuisine.

Mme Martin : Le locataire actuel habite encore ici, mais il part dans deux semaines.

Mme Martin : On passe au salon. Suivez-moi.

Pierre : C'est bien, c'est clair.

Mme Martin : Oui. C'est très clair. Et tout a été rénové.

Pierre : Splendide !

Mme Martin : Et ce n'est pas tout. Le charme de l'appartement, c'est aussi et surtout… le balcon !

Pierre : C'est vraiment très beau.

Mme Martin : Oui. D'ici, on peut voir tout Paris.

Pierre : Mais le balcon est un peu petit.

Mme Martin : Petit, petit… Regardez, il y a la place pour une table. On peut manger à deux. C'est parfait pour un tête-à-tête.

Pierre : C'est joli la petite étagère, là, dans le mur.

Mme Martin : Oui. On continue ?

Pierre : Oui.

Mme Martin : Voilà la salle de bain…

Pierre : C'est rose !

Mme Martin : … et la chambre.

Pierre : C'est super. Ce n'est pas très grand, c'est sûr. Mais pour un célibataire comme moi, ça va.

Mme Martin : Oui, l'appartement est idéal pour une personne seule. Les invités peuvent dormir dans le salon. Et ici, vous avez un petit coin bureau, pour travailler. Vous êtes journaliste, c'est bien ça ?

Pierre : Oui, c'est ça. C'est vrai qu'un coin bureau, c'est pratique.

Mme Martin : Alors, l'appartement vous intéresse ?

Pierre : Je crois, oui. J'ai fait un dossier. Mais je voudrais réfléchir un peu. Je dois confirmer maintenant ?

Mme Martin : Non, non. Vous avez jusqu'à vendredi pour confirmer. Vous avez mon numéro de téléphone ?

Pierre : Oui. Je vous appelle jeudi ou vendredi.

Mme Martin : D'accord.

Mme Martin : Alors, à bientôt et bonne journée.

Pierre : Bonne journée.

9 En direct de Dijon

Pierre : Bonjour. Je suis aujourd'hui en Bourgogne. Les touristes aiment la Bourgogne pour ses villes historiques, comme Dijon ou Beaune, pour ses vins, pour ses églises. Question : Est-ce que les touristes aiment aussi les hôtels de la région ? Notre reportage, en direct de Dijon.

Pierre : C'est bon ?

Pierre : Allô ? Ah ! Salut Camille ! Un pique-nique ? Dimanche ? Très bonne idée ! D'accord. Camille, je te laisse, je suis à Dijon pour le travail. C'est ça. À dimanche. Salut.

Pierre : On continue ?

Pierre : Vous êtes Français ?

Touriste 1 : Non, je suis Belge. Je viens de Liège.

Pierre : Vous avez dormi dans cet hôtel ?

Touriste 1 : Oui.

Pierre : Qu'est-ce que vous pensez du service dans les hôtels en Bourgogne ?

Touriste 1 : Je suis très content du petit-déjeuner. J'ai pris un petit-déjeuner continental avec du pain, du beurre, de la confiture et un croissant. J'ai bien mangé. Vraiment !

Pierre : En Belgique, qu'est-ce qu'on sert pour le petit-déjeuner ?

Touriste 1 : Ah, les Belges aiment manger beaucoup au petit-déjeuner. D'ailleurs, nous les Belges on ne dit pas « petit-déjeuner » mais « déjeuner ».

Pierre : Merci beaucoup Monsieur. Bonne promenade à Dijon.

Pierre : Pardon Monsieur ?

M. Chaffaud : Oui ?

Pierre : Mais vous êtes Monsieur Chaffaud ! On s'est vus chez Claude, à la crêperie.

M. Chaffaud : Ah oui, c'est vrai ! Bonjour Monsieur, vous êtes en vacances à Dijon ?

Pierre : Je travaille, je suis journaliste. Vous êtes d'accord pour répondre à des questions ?

M. Chaffaud : Oui.

Pierre : C'est pour une enquête sur les hôtels de la région.

M. Chaffaud : D'accord.

Pierre : Qu'est-ce que vous pensez des hôtels bourguignons ?

M. Chaffaud : Je ne sais pas. Il ne faut pas généraliser, mais j'ai dormi dans un hôtel comment dire… pas très moderne.

Pierre : Pas très moderne ? Qu'est-ce que vous voulez dire ?

M. Chaffaud : L'ascenseur : en panne ! Dans les chambres, il n'y a pas le câble. Et le Wi-Fi ça fonctionne quand ça veut bien fonctionner.

Pierre : Est-ce que vous avez trouvé des aspects positifs à votre hôtel ?

M. Chaffaud : Bon, c'est vrai. Le minibar est pas mal du tout. Les chambres sont propres, calmes, il y a la climatisation. Non, non, c'est vrai, il y a des aspects positifs.
Pierre : Vous venez d'où ?
Touriste 2 : Je viens d'Allemagne, de Berlin.
Pierre : Comment vous trouvez les hôtels en Bourgogne ?
Touriste 2 : Le personnel est aimable, c'est agréable.
Pierre : Vous pensez que les hôtels sont confortables ?
Touriste 2 : Oh oui ! Je n'ai rien à dire, ça va.
Pierre : Rien ?
Touriste 2 : Non, enfin… si… une toute petite chose peut-être.
Pierre : Oui ?
Touriste 2 : Voilà, quand on dort dans une chambre double en France, il y a un seul matelas et une seule couette.
Pierre : Oui… un matelas et une couette, pour un couple, c'est normal, non ?
Touriste 2 : Ah non, ça m'énerve. Mon copain prend toute la couette. Je ne peux pas dormir. En Allemagne, ce n'est pas comme ça. En Allemagne, il y a un grand lit, bien sûr, mais il y a DEUX matelas et DEUX couettes.
Pierre : Ah oui ? Bon, c'est une petite différence culturelle. Très bien, merci Madame et bonne journée.

10 Un pique-nique

Claude : J'ai apporté un far breton.
Marco : Un far breton ? Qu'est-ce que c'est ?
Claude : C'est un gâteau typique de la Bretagne. Vous voulez goûter ?
Marco : Vous ? On se dit « tu », non ?
Claude : D'accord. Alors, tu veux goûter ?
Marco : Volontiers, oui. Mais pas tout de suite. Pour le dessert.
Marion : En entrée, j'ai apporté une salade.
Camille : Qu'est-ce qu'il y a dans ta salade ?
Marion : C'est une salade niçoise classique avec du riz, des tomates, du maïs, du poivron, des œufs et, qu'est-ce que j'ai mis d'autre encore ? Ah oui, du thon.
Camille : Alors, ce n'est pas une salade niçoise classique. Dans la salade niçoise, il n'y a pas de riz.
Marion : Oui, bon, la question, c'est : je te sers ou pas ?
Camille : Juste un tout petit peu. Oh, mais j'ai deux fourchettes ! Où sont les couteaux ?
Claude : Tiens, voilà un couteau !
Marco : J'ai aussi apporté un vin italien. Vous voulez goûter, les filles ?
Camille : Une petite goutte alors.
Marion : Ma chérie, tu es trop sérieuse ! Pour moi, Marco, un grand verre. J'adore les vins italiens. Je trouve qu'ils ont le goût des vacances, du soleil, de la Méditerranée.
Marco : Je suis tout à fait d'accord avec toi !
Marion : Merci.
Camille : Merci.
Marco : Le plaisir est pour moi, Mademoiselle.
Pierre : Et moi alors ?
Marco : Mais bien sûr mon ami ! Voilà.
Ensemble : Tchin !
Marion : Il est charmant, Pierre.
Camille : Oui.
Marion : Marco aussi, il est pas mal du tout !
Camille : Tu trouves ?
Claude : Marion, un morceau de far breton ?
Marion : Oh, non merci, Claude. C'est gentil mais j'ai beaucoup grossi ces derniers temps. Je vais prendre un fruit.
Claude : Pierre, un morceau de far breton ?
Pierre : Oui, s'il te plaît. Oh là là ! Ça fait beaucoup pour moi tout seul ! Camille, on partage ?
Camille : Oui.

Marco : Alors comme ça, tu travailles dans le design, c'est exact ?
Camille : Oui, c'est ça.
Marco : C'est super. Je suis journaliste. Je suis spécialisé dans la rubrique culturelle. Je m'intéresse beaucoup aux professions artistiques, comme la profession de designer…
Camille : Ah oui ?
Marco : Tu as vu le film documentaire sur le designer parisien, Philipe Stark ?

Pierre : À propos de film, Camille…
Camille : Oui ?
Pierre : On va au cinéma samedi après-midi ? Le film de François Ozon est sorti dans les salles.
Camille : D'accord. C'est à quelle heure ?
Pierre : À dix-sept heures. Rendez-vous devant le cinéma Champo ?
Camille : Oui. Rendez-vous devant le Champo. Tu arrives à l'heure, hein ?
Claude : Alors ? Qui veut du far breton ?

11 Une catastrophe… ?

Camille : Oh là là ! Mais qu'est-ce que je vais mettre ? Mais qu'est-ce que je vais mettre ?
Camille : Oui, entre !
Marion : Salut ma chérie. Tu vas bien ?
Camille : Non ! C'est une catastrophe, Marion. C'est une ca-ta-strophe !
Marion : Toi, ma petite Camille, tu as un rendez-vous amoureux. Ne dis pas non ! Tu as un rendez-vous amoureux, c'est ça ? Hein, c'est ça ?
Camille : Oui…
Marion : Avec qui ? Où ? Quand ?
Camille : Avec Pierre. On va au cinéma demain après-midi.
Marion : Mais c'est génial ! C'est maintenant ou jamais !
Camille : Oui mais non ! Ce n'est pas génial du tout ! C'est une catastrophe ! Je ne sais pas quoi mettre ! Mes vêtements sont affreux !
Marion : Mais non ! Tiens, la petite robe noire, là, elle est pas mal du tout.
Camille : Arrête ! Elle est beaucoup trop chic.
Marion : Trop chic, trop chic, je ne trouve pas. Nous, les femmes, on n'est jamais trop chics.
Camille : Non et puis, tu as vu le décolleté ?
Marion : Oui… Et le pantalon gris, là ? Il est pas mal, il est beau, il est élégant.
Camille : Marion, on dirait le pantalon de ma grand-mère.
Marion : Pas du tout. Il est classe, il fait sérieux. Tu n'as pas une veste pour mettre avec ?
Camille : J'ai une veste blanche.
Marion : Non, ça va pas avec le pantalon. Ça, c'est mieux.
Camille : Les couleurs sont un peu tristes. Je préfère quelque chose d'un peu plus décontracté, un peu plus cool. Qu'est-ce que tu penses de ce chemisier ? C'est bien, le bleu, non ? C'est dynamique, c'est joyeux.
Marion : Enfin bon, pourquoi pas. Qu'est-ce que tu as comme chaussures ?
Camille : Des chaussures marron ? Noires ? Vertes ?
Marion : Tu n'as pas des chaussures rouges ?
Camille : Non ! C'est une catastrophe ! Qu'est-ce que je vais mettre ? Mais qu'est-ce que je vais bien pouvoir mettre ?
Marion : Bon ! Tu vas commencer par mettre un jean, un pull et des baskets. Où est ton sac ? Tiens. On va faire du shopping.

12 Quel programme !

Marco : Coucou !
Camille : Oh, ça alors ! ? Salut Marco.
Camille : Ça va ?
Marco : Oui, bien, et toi ?
Camille : Oui. J'attends Pierre. On a rendez-vous, mais il est en retard. Et toi ? Qu'est-ce que tu fais par ici ? Tu habites dans le quartier ?
Marco : Ah non, je n'habite pas ici. Moi, j'habite dans le 18e arrondissement, à Montmartre.
Camille : Ah, d'accord. C'est joli Montmartre.
Marco : Oui mais là, je travaille.
Camille : Tu travailles ? Un samedi après-midi ?
Marco : Oui. J'écris un article pour le magazine.
Camille : Un article ? Sur quel thème ?
Marco : Je me promène au bord de la Seine et j'écris sur les monuments que je vois.
Camille : C'est intéressant. Quel monument tu as déjà vu ?
Marco : Je suis passé devant l'Assemblée nationale. Tu veux voir mes photos ?
Camille : Oui. Tu es un bon photographe.
Marco : Merci.
Camille : Et qu'est-ce que tu as prévu d'autre ?
Marco : Je vais aller jusqu'au pont Neuf et à l'île Saint-Louis. Je vais visiter Notre-Dame de Paris et le Palais de la Cité.
Camille : Le Palais de la Cité ?
Marco : Oui. C'était la maison des rois de France, du Xe au XVe siècle. Et plus tard, pendant la Révolution, c'était une prison. Aujourd'hui c'est un musée. Tu veux venir ?
Camille : Je ne sais pas. Si Pierre arrive… Et après le Palais de la cité, qu'est-ce que tu vas faire ?
Marco : Ça fait déjà beaucoup ! Mais si j'ai assez d'énergie, je vais prendre le bus et aller jusqu'à l'Institut du monde arabe. La ligne est directe.
Camille : Eh ben ! Quel programme !
Marco : Alors ? Tu viens avec moi ?
Camille : À pied ?
Marco : On peut prendre le bateau. Avec ma carte de journaliste, j'ai des tickets gratuits.
Camille : Bon, tant pis pour Pierre ! Allons-y !
Marco : Madame !